Kulturwissenschaft Italien

Frank Baasner
Valeria Thiel

Ernst Klett Sprachen
Barcelona · Budapest · Ljubljana · London
Poznań · Praha · Sofija · Stuttgart

Bibliographische Information der Deutschen Bibliothek.
Die Deutsche Bibliothek verzeichnet diese Publikation in der Deutschen Nationalbibliographie; detaillierte bibliographische Daten sind im Internet über http://dnb.ddb.de abrufbar

1. Auflage A1 5 4 3 2 1 | 2007 2006 2005 2004

Internetadresse | http://www.klett-verlag.de

Redaktion | Dr. Susanne Schauf
Umschlaggestaltung | Marion Köster
Satz | media office gmbh, Kornwestheim
Druck | Ludwig Auer GmbH, Donauwörth. Printed in Germany.
ISBN 3-12-939552-0

Inhalt

1 KAPITEL Kulturwissenschaft Italien – Definition und Eingrenzung

1 Kultur und Kulturwissenschaft

1 Kulturwissenschaft(en)

Der Begriff heute

In den letzten Jahren hat sich sowohl in den Medien als auch an den Universitäten ein Begriff durchgesetzt, der nicht neu ist, der aber neuerdings eine beachtliche Karriere gemacht hat: *Kulturwissenschaft*. Der Begriff scheint den alten und etwas verstaubt daherkommenden Begriff der Geisteswissenschaften (manchmal sogar auch der Sozialwissenschaften) abgelöst zu haben. Dabei suggeriert er eine Einheit von all dem, was Teil menschlicher Lebenswelt ist und nicht als natürlich gegeben bezeichnet werden kann. Die Idee der alle lebensweltlichen Details und alle Einzelwissenschaften umspannenden Einheit, die vor allem dann suggeriert wird, wenn der Begriff *Kulturwissenschaft* im Singular verwendet wird, ist als solche jedoch mehr als fraglich. So hat sich seit ca. 15 Jahren eine lebhafte Diskussion um den Begriff, seine Reichweite und Schärfe entwickelt. Die bestehenden Definitionen sind sehr unterschiedlich; so existieren z. B. der Singular (Kulturwissenschaft als akademische Disziplin mit eigenen Studiengängen) und der Plural (Kulturwissenschaften als Sammelbegriff, als gemeinsamer Horizont aller philologisch-historischen Fächer) nebeneinander. Die Diskussion ist so vielseitig, dass in zahlreichen Büchern versucht wird, einen Überblick über diese verschiedenen Verwendungsmöglichkeiten zu vermitteln (Böhme 1996, Nünning 1998, Hansen 2000). Anglo-amerikanische Begriffe wie *cultural studies* oder die auf französische Historiker zurückgehende *histoire des mentalités* sind zudem Forschungsrichtungen, die eng mit dem heutigen deutschen Modell von Kulturwissenschaft(en) in Verbindung stehen und die Diskussion zusätzlich bereichern. Der Reiz des Begriffs liegt sicherlich in seinem Versprechen, zersplittertes Wissen über Literatur, Sprache, Kunst, Medien, soziale Lebens- und Handlungsformen, Mentalitäten zu bündeln und im Zusammenhang zu erklären. Allerdings darf man diesem Reiz nicht blind erliegen, sondern sollte möglichst klar definieren, was mit Kultur im jeweiligen Kontext gemeint ist. Nach einem kurzen wissenschaftshistorischen Rückblick werden wir uns daher mit dem Kulturbegriff befassen und dann unser Verständnis von Kulturwissenschaft und Kultur in dieser Einführung erläutern.

Begriffsgeschichte

Der Begriff Kulturwissenschaft ist ebenso wenig neu wie der Versuch, eine Geschichte der nicht nur materiellen Errungenschaften menschlicher Gemeinschaften als Prozess darzustellen. Besonders im Zeitalter der Aufklärung entstehen die ersten Theorien, in denen die menschliche Kultur als eigenständiger Bereich der Erkenntnis definiert wird. In Italien GIANBATTISTA VICO (1668–1744) mit *La scienza nuova* (1729–30, 1744), in Frankreich VOLTAIRE (1694–1778) mit seinem *Essai sur les moeurs* (1756) und in Deutschland JOHANN GOTTFRIED HERDER (1744–1803): Sie alle versuchen, die historische Veränderung menschlicher Gesellschaften als einen kollektiven Prozess zu verstehen, in dem das menschliche Handeln und Denken eine zentrale Rolle spielt.

Der deutsche Begriff

Die Verwendung des Begriffs in der deutschen Sprache wurde maßgeblich durch MAX WEBER (1864–1920) geprägt. Der Begründer der modernen Soziologie rechnet die Sozialwissenschaft ausdrücklich zum Bereich der Kulturwissenschaften, worunter er all jene Wissenschaften versteht, die sich nicht mit den faktischen Gegebenheiten menschlichen Lebens, sondern mit ihrer gedanklichen Gestaltung und kulturellen Bedeutung beschäftigen.

ERNST CASSIRER

Aus philosophischer Perspektive befasst sich wenig später ERNST CASSIRER (1874–1945) mit der Kultur der Menschen. Auch für ihn geht es darum, dass der Mensch nicht nur in einer vorab gegebenen Natur lebt, sondern sich ein eigenes Universum an Bedeutungen und Repräsentationen geschaffen hat, die CASSIRER in seiner *Philosophie der symbolischen Formen* (1923–1929) analysiert. Sprache, Mythos, Geschichte, Kunst und die Wissenschaften – alles, was die Weltsicht des Menschen prägt und gleichzeitig Ausdruck seiner Weltsicht ist, gehört für Cassirer zur Kultur. Hier wird deutlich, dass die Definition einer Kulturwissenschaft und ihrer Reichweite unmittelbar von der Definition des Gegenstands *Kultur* abhängt.

Die Anzahl der bestehenden Definitionsversuche von Kultur ist verwirrend groß. Der Begriff *Kultur* ist zudem nicht nur erheblichem historischem Wandel unterworfen, sondern variiert auch von Sprache zu Sprache. So ist eine Gleichsetzung von *Kulturwissenschaft* mit dem englischen Terminus *cultural studies* insofern problematisch, als die angelsächsische Tradition häufig ausschließlich an populären Kulturformen Interesse hat und der Begriff zudem oft eine marxistische Gesellschaftstheorie nach dem Grundprinzip Basis (Produktionsbedingungen) und Überbau (Kultur) voraussetzt.

2 Kulturbegriff

Wortgeschichte

Die folgenden Hinweise zur Wortgeschichte sollen die wichtigsten Aspekte der Diskussion um den Begriff *Kultur* benennen, die sich noch in der heutigen Verwendungsvielfalt des Wortes spiegeln. Der Begriff selbst kommt aus dem Lateinischen (*colere*: bebauen) und bezieht sich zunächst auf den landwirtschaftlichen Bereich. Schon in der römischen Antike aber wird die Vorstellung der Pflege und des Anbaus auch auf das Innere des Menschen angewandt; CICERO (106–43 v. Chr.) und HORAZ (65–8 v. Chr.) sprechen von der *cultura animi* und meinen damit die Selbsterziehung des Menschen. In dieser doppelten Bedeutung äußerer, durch menschliches Wirken herbeigeführter Pflege und innerer, den Menschen verfeinernder Entwicklung findet der Begriff Eingang in die romanischen Sprachen. Die zweite Bedeutung entspricht weitgehend dem deutschen Begriff *Bildung*.

17.–18. Jh.

Der Naturrechtler SAMUEL PUFENDORF (1632–1694) benutzt *Kultur* bereits in Opposition zu *Natur* und meint damit die Gesamtheit der menschlichen Handlungen im sozialen Kontext. Dieser Gegensatz von Natur und Kultur wird auch in späteren Theorien immer wieder wirksam. Während des 18. Jhs. erfährt der Begriff *Kultur* und die Vorstellung einer Kulturgeschichte der Menschheit wesentliche neue Impulse. Mit *Kultur* wird nun nicht nur der Prozess (Anbau, Pflege, Entwicklung), sondern auch das Ergebnis (Sitten, soziale Formen) bezeichnet. Parallel hierzu wird in Frankreich von MIRABEAU (1749–1791) der Begriff *civilisation* geprägt, mit dem die geschichtsphilosophische Vorstellung eines schrittweisen Fortschritts der Menschheit einhergeht. Sowohl *Kultur* als auch *civilisation* sind im 18. Jh. wertende Begriffe. Die begriffliche Opposition zwischen *Kultur* und *Zivilisation* wird in der deutschen Sprache immer wieder wirksam; bei IMMANUEL KANT (1724–1804) etwa bezieht sich *Kultur* auf die innere Natur des Menschen, während *Zivilisation* für die rein äußerliche Verfeinerung der Sitten Verwendung findet.

19. Jh. – E. B. TYLOR

Im 19. Jh. kann man eine Aufspaltung des Kulturbegriffs beobachten, die sich noch im heutigen allgemeinsprachlichen Gebrauch des Wortes im Deutschen wiederfindet. *Kultur* wird einerseits mit positiver Konnotation verwendet und bezieht sich auf ein selten präzise definiertes Ideal individuellen und kollektiven Denkens und Verhaltens. Andererseits wird der Begriff zunehmend in wissenschaftlichem Kontext verwendet und meint die Gesamtheit der mentalen Dispositionen und Handlungsweisen, die für eine bestimmte Gesellschaft zu einer bestimmten Zeit prägend sind: In diesem Sinne ist JAKOB BURKHARDTS (1818–1897) berühmtes Werk *Kultur der Renaissance in Italien* (1860) zu verstehen. Einflussreich wurde das Werk des britischen Ethnologen EDWARD BURNETT TYLOR (1832–1917) mit dem nur scheinbar paradoxen Titel *Primitive Culture* (1871). Wie BURKHARDT definiert er *culture* als „die komplexe Gesamtheit, die Wissen, Glauben, Kunst, Moral, Gesetze, Gebräuche und jedwede andere Fähigkeit und Gewohnheit einschließt, die Menschen als Teil einer Gesellschaft erworben haben". Damit ist klar, dass jede Gesellschaft eine Kultur besitzt, die räumliche und zeitliche Grenzen hat. Als kollektives Wissen und Handeln wird Kultur erworben, tradiert und kann in verschiedene Richtungen entwickelt werden. Eine Wertung ist in solch einem Gebrauch des Begriffs, sofern überhaupt gewertet wird, nur noch im Hinblick auf materielle Errungenschaften (Kulturprodukte) denkbar. Kulturen können hingegen nicht als „besser" oder „schlechter" bezeichnet werden.

20. Jahrhundert

Im 20. Jh. entwickelt sich die Debatte um *Kultur* vor allem im Umfeld anthropologischer Forschung weiter. Der Amerikaner FRANZ BOAS (1858–1942) löst die moderne Kulturanthropologie endgültig von normativen Hierarchien und Entwicklungsmodellen, die von einem „idealen" Kulturzustand ausgingen und kulturelle Zustände (oft unbewusst) daran messen wollten, wie nah eine Gesellschaft diesem unausgesprochenen Ideal kam. BOAS lenkt die angelsächsische Kulturwissenschaft in Richtung einer naturwissenschaftlichen Anthropologie. In der deutschen Diskussion kommt MAX WEBER insofern eine besondere Bedeutung zu, als er eine verstehende, hermeneutische (interpretierende) Soziologie begründet, die nicht den Standpunkt eines objektiven Beobachters einzunehmen behauptet, sondern versucht, die den Handlungen und Produktionen zugrunde liegenden mentalen Dispositionen eines Kollektivs (Gruppe, Schicht, Gesellschaft, Nation) nachzuvollziehen.

Italien

In Italien verläuft die Diskussion um *Kultur*, ihre Definition und ihren Wert etwas anders. In den 30er Jahren wird sie definiert als „Gesamtheit der Kenntnisse und der mentalen und sozialen Einstellungen, für deren Erwerb breites und vielseitiges Buchwissen nötig aber nicht ausreichend ist" (*Enciclopedia Treccani*, 1937). Auffällig ist hier die Betonung der Gelehrsamkeit, die in der italienischen Gesellschaft über lange Zeit der individuellen Bildung vor der kollektiven den Vorrang gab. Vier Begriffe gilt es in der italienischen Diskussion um *Kultur* zu kennen: Der Begriff *civilizzazione* bezieht sich auf die materiellen und ökonomischen Aspekte einer Gesellschaft; *civiltà* dagegen verweist auf die geistige Dimension einer Gesellschaft zu einer bestimmten Epoche (dazu gehören Kunst, Wissenschaft, Ökonomie, soziales Wertesystem u. Ä.); die fortschreitende Entwicklung der *civiltà* wird mit *incivilimento* bezeichnet und *cultura* schließlich bezieht sich auf einen

Teilaspekt der *civiltà* und meint das intellektuelle Leben und die Selbstreflexion einer Gesellschaft in einer bestimmten Epoche.

Gramsci

Der marxistische Philosoph Antonio Gramsci (1891–1937) hat eine für die italienische Diskussion bis heute prägende These aufgestellt, derzufolge es nicht eine nationale, für die ganze Gesellschaft gültige Kultur gibt, sondern klassenspezifische Kulturen, die sich auf die Besitzverhältnisse zurückführen lassen (s. Infobox S. 19).

Croce

Die Gegenposition bezieht der sehr einflussreiche neapolitanische Philosoph Benedetto Croce (1866–1952). Er versucht, die „doppelte Kultur“ der italienischen Gesellschaft in der Vorstellung einer ethisch-politischen Geschichte des italienischen Volkes wieder zusammenzuführen (s. Infobox S. 18).

Der Kulturbegriff heute

Der kurze historische Abriss einiger weniger Definitionen hat gezeigt, wie vielfältig der Begriff ist. Im heutigen Sprachgebrauch lassen sich folgende Bedeutungen unterscheiden:

a) Kultur als individuelle Errungenschaft („ein kultivierter Mensch“), die mit dem Begriff der Bildung zusammenfällt;
b) Kultur als die Menge künstlerischer Produkte wie Musik, Theater, Literatur, also all das, was man im Feuilleton einer Zeitung findet (dies kann man als engen Kulturbegriff bezeichnen);
c) Kultur als alles, was nicht unmittelbar naturgegeben ist (einschließlich Bakterienkultur usw., dies wäre ein sehr weiter Begriff); und schließlich
d) Kultur als neutrale Beschreibungskategorie für all jene sozialen Verhaltensformen, kollektiven Überzeugungen, künstlerischen Hervorbringungen, kommunikativen Gewohnheiten, die eine sich als solche verstehende Gruppe (Ethnie, Region, Nation, Kontinent) teilt.

Dieser letztgenannte Kulturbegriff, von dem auch wir in dieser Einführung ausgehen, ist in den meisten heute existierenden theoretischen Ansätzen der Kulturwissenschaft vorherrschend. Dabei ist wichtig zu sehen, dass mit *Kultur* in diesem Sinne nicht die rein faktische Seite eines vom Menschen geschaffenen Gegenstandes gemeint ist, den man quantitativ messen könnte, sondern dass *Kultur* hier von einer überindividuellen, psychischen (geistigen) Dimension ausgeht. Nicht eigentlich der Gegenstand ist Teil der Kultur, sondern die Weise, mit der die Menschen ihn betrachten, die Funktion, die eine Gruppe (Gesellschaft) einem Gegenstand zuweist, ist gemeint. Dieser Unterschied lässt sich im Deutschen an dem Begriffspaar *Zivilisation* und *Kultur* festmachen. Das Auto und die Autobahnen sind Teile der Zivilisation; die Bedeutung, die wir dem Statussymbol *Auto* zuweisen, die Art und Weise, wie wir es benutzen und wie wir den Individualverkehr durch politische Entscheidungen fördern, sind hingegen Bestandteile unserer Kultur – die dann auch in anderen Ländern sehr verschieden sein kann, obwohl die Autos dieselben sind und die Autobahnen (fast) identisch aussehen. Wer jemals als aktiver Verkehrsteilnehmer in Italien unterwegs war, wird diese Form kultureller Differenz unmittelbar nachvollziehen können.

2 Zum Gegenstand *Italien*

1 Aktuelles und Historisches

Der Begriff heute

Fast genauso kompliziert wie mit dem Begriff *Kultur* verhält es sich mit dem Begriff *Italien*. Auch wenn es uns ganz selbstverständlich erscheint, von Nationen und damit auch von einer italienischen Nation zu sprechen, so müssen wir uns doch ein Bewusstsein davon verschaffen, woher dieser Begriff kommt, was er bedeuten kann und welche Elemente in ihm mitgedacht sein können. Vorab soll festgehalten werden, dass eine Nation (und damit auch Italien) kein irgendwie genetisch bestimmtes, ahistorisches Gebilde ist, sondern eine politische und mentale Konstruktion. Überspitzt formuliert kann man sagen, dass es Nationen und damit auch nationale Zugehörigkeiten nur gibt, weil sich eine mehr oder minder große Gruppe von Menschen darauf geeinigt hat, einer bestimmten sozialen, politischen und kulturellen Organisationsform (die man dann Nation nennt) besonderen Wert beizumessen. Nation ist also nichts Essentielles, sondern etwas Konventionelles. Die heutige Konvention im Gebrauch des Begriffs *Italien* geht von der staatlichen, in der Verfassung garantierten Einheit in festen Grenzen aus – aber die Diskussion um eine Regionalisierung oder sogar Aufteilung des Staates in den letzten Jahren lässt erkennen, dass selbst diese minimale Definition von Italien prekär geworden ist.

Geographie

Der Begriff *Italien* lässt sich je nach Fragestellung und Perspektive unterschiedlich definieren. Seit der römischen Epoche gibt es Italien als geographische Vorstellung. Der Name bezeichnet ursprünglich nur die äußerste Spitze des heutigen Kalabriens und geht dann im 2. Jh. auf die ganze Halbinsel über, von den Alpen bis zu den beiden Meeren, Adria und Mittelmeer. Erst ab dem 3. Jh. schließt der Begriff auch die Inseln Sizilien, Sardinien und Korsika ein.

Selbstwahrnehmung

Das Bewusstsein einer eigenen (noch römischen) Identität der Bewohner dieses geographisch definierten Italien zeigt sich zum ersten Mal in der Zeit der Invasionen durch die sog. Barbaren im 5. Jh. Das Bewusstsein einer kollektiven Identität tritt somit erst durch die Erfahrung der Differenz, der Abgrenzung gegenüber anderen Völkern in Erscheinung. Die katholische Kirche bemüht sich dann um die Bewahrung eines christlichen „Römertums“. Als Gegenleistung für den militärischen Schutz ist sie bereit, Teile Italiens fremden Herrschern als Belohnung abzutreten. So prägen Herrscher des Heiligen Römischen Reiches, wie Karolinger (800–887), Sachsen (951–1024), Normannen (ca. 1009–1190) und Hohenstaufen (1154–1266) das geographische Italien, über das sie die Kontrolle anstreben und zeitweise innehaben. Die Fremdherrschaften, auf die wir im folgenden Kapitel noch genauer eingehen, haben sowohl für die Gesellschaft als auch für die Vorstellungen von Italien weit reichende Konsequenzen gehabt.

Politik

Der politische Begriff *Italien*, der mit der Vorstellung eines einheitlichen Staates auf der Halbinsel verbunden ist, entsteht erst durch die Rezeption der Ideen der Französischen Revolution am Ende des 18. Jhs. im Zusammenhang mit der napoleonischen Invasion (1796–1814). Die Idee des Nationalstaats wird in Italien, ähnlich wie in Deutschland, während des Kampfes gegen Fremdherrschaft entwickelt. In Italien hat sich allerdings die Entstehung eines nationalen (politischen) Bewusstseins, sowohl in Nord- als auch in Süditalien, nicht mit der Form einer republikanischen Verfassung verknüpft. Die politische Bewegung des sog. *risorgimento* („Wiedergeburt, Auferstehung“) kann sich im 19. Jh. gegen alle Restaurationsbestrebungen der österreichischen Herrscher in Norditalien durchsetzen. Im Jahre 1861 wird Italien durch die Proklamation des einheitlichen und monarchisch organisierten Staates unter der Herrschaft des Königshauses Savoyen eine politische Einheit. 1870 wird mit der Besetzung Roms durch das Königreich Italien die territoriale Einheit des Landes vollendet.

Sprache und Literatur

Neben dem geographischen und politischen Italien-Begriff besteht seit dem 13. Jh. ein sprachlicher und literarischer Italien-Begriff. Bereits im Werk DANTE ALIGHIERIS (1265–1321) wird deutlich, dass eine italienische Sprache so weit entwickelt ist, dass sie als Grundlage einer neu zu definierenden kulturellen Gemeinschaft auf dem Gebiet der Halbinsel gelten kann. DANTES Nachdenken über die Rolle der gemeinsamen Sprache wird zu einer Zeit, wo große Teile Italiens fremdbeherrscht (Zentrum und Süden) oder in Kleinststaaten zersplittert sind (Norden), mit der Vorstellung einer politischen Einheit verbunden. Allerdings bleibt dieser Traum einer kulturellen und politischen Einheit bis ins 19. Jh. einer kleinen Bildungsschicht vorbehalten. Für die Kulturgeschichte Italiens und für eine Analyse des Begriffs *Italien* ist es jedoch wichtig, die Bedeutung einer gemeinsamen Sprache und Literatur für die Konstitution eines kollektiven Bewusstseins von *Italien* zu erkennen. Wie in kaum einem anderen Land Europas und früher als in den anderen nachantiken Kulturen wird die Vorstellung eines gemeinsamen literarischen Erbes zum Grundstein für die Herausbildung der politischen Nation.

2 Die Reichweite eines kulturellen Begriffs *Italien*

Italien?

Nehmen wir die Überlegungen zum Kulturbegriff ernst und stellen wir die mehrschichtige Entwicklung der Vorstellung von Italien in Rechnung, müssen wir unseren Gegenstand in mehrfacher Hinsicht rechtfertigen und präzisieren. Die Selbstverständlichkeit, mit der wir von einem kulturwissenschaftlichen Gegenstand *Italien* ausgehen und dabei eine kulturelle Einheit unterstellen, schwindet in dem Moment, wo wir uns darüber klar werden, dass mit der Zugehörigkeit zu einer nationalen Kulturgemeinschaft nur ein kleiner Teil der Realität gelebter kultureller Identität erfasst ist. Umso wichtiger ist es, sich bewusst zu machen, was in kultureller Hinsicht mit *Italien* (oder allgemeiner: nationaler Zugehörigkeit) eigentlich gemeint sein kann.

Kulturelle Identität ≠ Nation

Jede Theorie, die kulturelle Identität mit nationaler Zugehörigkeit gleichsetzt, macht einen grundlegenden Fehler. Natürlich prägt die Zugehörigkeit zu einem Kollektiv, das in der politischen Form eines Nationalstaats existiert und zudem durch eine gemeinsame Sprache definiert ist, jedes Mitglied dieser Gemeinschaft. Aber eben nur zu gewissen Teilen (etwa durch das gemeinsame Bildungssystem, die Medien usw.) und in gewissen Situationen (z. B. in solchen, wo die Frage der Staatsbürgerschaft eine Rolle spielt oder wenn man sich gegenüber Mitgliedern anderer Nationen abgrenzt). Dass die Zugehörigkeit zu einem Staatengebilde namens *Italien* für italienische Bürger einen hohen (auch emotionalen) Wert hat, kann man u.a. daran erkennen, dass nur wenige Emigranten zur Aufgabe der Staatsbürgerschaft bereit sind, auch wenn sie im Ausland geboren sind: In Deutschland leben Tausende von sogenannten „Bildungsinländern", d. h. italienischen Staatsbürgern, die Deutsch als erste Sprache sprechen, in Deutschland geboren sind und dennoch die Abgabe des italienischen Passes als Verlust eines Teils ihrer Identität sehen würden. Parallel hierzu ist allerdings die kulturelle Identität durch die Zugehörigkeit zu anderen Gruppen geprägt, zu Kollektiven, die größer (Europa, die Menschheit) oder kleiner (eine soziale Schicht, eine Organisation, eine Glaubensgemeinschaft) sein können. Die Annahme einer kulturellen Identität als Einheit, als kohärentes Ganzes, das sich in Sprache und Staatsbürgerschaft erschöpft, greift zu kurz.

Jedes Individuum hat Anteil an mehreren kulturellen Gruppierungen. Jeder von uns ist Mann oder Frau, jünger oder älter, gehört zu einer sozialen Schicht, hat soziale Rollen (Lehrling, Student) und ist regional eingebunden. Die Zugehörigkeit zu einer Nation ist dabei nur eine Form von kultureller Identität. Diese multiple Zugehörigkeit spiegelt sich übrigens auch in der Vielfalt der Sprachformen: Nicht nur nationale Sprachen sind identitätsstiftend, sondern auch Dialekte, Soziolekte, rollenspezifisches Sprachverhalten usw. Damit wird klar, dass *italienische Kultur* auch für unser Thema kein statisches, abgeschlossenes Forschungsfeld sein kann. Je nachdem, wie sich ein Mensch in einer bestimmten sozialen Interaktion wahrnimmt, wird er sich eher nach dem Register Mann-Frau, jung-alt oder italienisch-deutsch wahrnehmen – und wahrgenommen werden. Dieser Vielfalt kultureller Identität, die sehr stark von der jeweiligen Rolle abhängt, die ein Mensch in bestimmten Situationen sozialen Verhaltens einnimmt, muss auch unser Gebrauch des Kulturbegriffs in diesem Buch Rechnung tragen.

Multiple Zugehörigkeit

B Horizont dieses Buches

1 Verwendung des Kulturbegriffs

Aus der großen Anzahl möglicher Definitionen von Kultur werden wir uns für diese einführende Darstellung auf eine möglichst klare und pragmatische festlegen. Dabei sind einige Abgrenzungen vorzunehmen: Zunächst sei festgehalten, dass wir uns nicht mit den materiellen Bedingungen der italienischen Gesellschaft um ihrer selbst willen befassen werden, also nicht mit der *civilisation*. Für diese Art von Information gibt es gute Darstellungen (Brütting 1997, Große 1997). Wenn von der politischen Verfassung, von Demographie, Wirtschaftsstrukturen, dem Mediensystem usw. die Rede ist, so nicht im Sinne des Faktischen, sondern nur insoweit diese Informationen zum Verständnis von überindividuell prägenden Verhaltens- und Kommunikationsformen beitragen. Für unser Verständnis von Kulturwissenschaft sind die mentalen und kommunikativen Aspekte der Kultur von vorrangigem Interesse. Ein zweites Kriterium betrifft die Tatsache, dass wir Kultur hier als eine Summe von standardisierten Verhaltens- und Kommunikationsweisen betrachten, die nicht nur für ein Individuum gelten. Gleichzeitig soll natürlich nicht behauptet werden, solche standardisierten Formen gälten für alle Bürger des italienischen Staates immer in gleichem Ausmaß. „Die italienische Kultur“ als solche, als kohärenten Block, gibt es nicht und hat es nie gegeben. Dies hängt damit zusammen, dass Kultur immer nur in bestimmten Situationen konkret sichtbar, wahrnehmbar wird.

Definition

Wahrnehmung und Wertung

Denn in der Tat gibt es keine Möglichkeit, Kultur empirisch objektiv zu messen. Vereinfacht könnte man sagen, dass Kultur ein (offenes) System von standardisierten Verhaltens- und Wahrnehmungsformen ist, die eine bestimmte Gruppe als normal erachtet und erst in dem Moment als die eigene Kultur erkennt, in dem sich eine Person anders, von der Norm abweichend verhält. Kultur wird also erst „sichtbar", als solche bewusst, wenn sie aus ihrer Selbstverständlichkeit entlassen ist. Erfahrung der eigenen Zugehörigkeit zu einer kulturellen Gemeinschaft setzt die Differenzerfahrung voraus, Selbst- und Fremdbild bedingen sich gegenseitig (siehe Kap. 3). Damit wird klar, dass auch wir nur solche Phänomene betrachten können, die von Mitgliedern des Kollektivs selbst (Italienern) oder von außen (z. B. von Mitgliedern der deutschen Kultur) als für das Thema *Italien* relevant erachtet werden.

Schließlich soll ausdrücklich betont werden, dass wir den Kulturbegriff ohne Wertung verwenden. *Kultur* ist eine beschreibende Kategorie. Weder in horizontalem Sinne (geographisch) noch in vertikalem (schichtspezifisch) können kulturelle Differenzen anders als wertneutral beschrieben und verstanden werden. Es ist unsinnig, die italienische Kultur als besser oder schlechter einzuschätzen; was wir erkennen können, ist die Bedeutung, die gewissen kulturellen Standards in Italien selbst (oder in der Außenperspektive) beigemessen wird.

Italien

Unter *italienischer Kultur* verstehen wir in kultureller Hinsicht all jene Äußerungen, Einstellungen, Verhaltensformen, Kommunikationsweisen sowie die aus diesen mentalen Dispositionen resultierenden Kulturprodukte, die von einer signifikanten Menge von Mitgliedern der italienischen Gesellschaft an der Wende vom 20. zum 21. Jh. als für das Kollektiv *Italien* für relevant und spezifisch erachtet werden. Hinzu kommt die Außenperspektive insofern, als wir notwendig von einem gewissen Standpunkt aus auf die italienische Kultur schauen und keine objektiven, absoluten Aussagen treffen können. Durch die Selbsteinschätzung der Mitglieder der italienischen Gesellschaft und die Außenperspektive der Beobachter kommen Aspekte ins Feld der Betrachtung, die als heute bedeutungstragend erkannt werden können – ein in sich abgeschlossenes monolithisches, historischer Veränderung enthobenes Ding namens *Italien* kann es in kulturwissenschaftlicher Perspektive nicht geben.

2 Zielsetzungen der Einführung

Kultur und komplexes Ganzes

Aus der Definition des Gegenstandsbereichs und dem methodischen Ansatz ergibt sich die didaktische Zielsetzung dieser Einführung. Einerseits geht es selbstverständlich um die Vermittlung von grundlegenden Informationen zu Bestandteilen der italienischen Kultur, die in der Innen- und/oder Außenperspektive als wichtig für die italienische Lebenswirklichkeit erachtet werden. Gleichzeitig geht es aber um mehr als nur die Vermittlung von Daten und Fakten: Ziel ist die Erkenntnis, dass Kultur ein mehrschichtiges komplexes Ganzes ist, das in einer Gesellschaft (Nation) in ständiger Bewegung ist und zur stets dynamischen Identitätsdiskussion und -findung wesentlich beiträgt. Drittens soll dieses Nachdenken über das kulturelle Konstrukt *Italien* die (vorwiegend) deutschsprachigen Leser in die Lage versetzen, im konkreten Umgang mit Italien und der italienischen Kultur aufmerksamer, bewusster und sicherer zu werden. Es gilt all denen, für die der Umgang mit italienischer Kultur zum studentischen oder beruflichen Alltag gehört, Schlüssel an die Hand geben, um die heutige italienische Gesellschaft besser zu verstehen.

Geschichte und Aktualität

Kulturen wachsen langsam, verändern sich nur allmählich und können in der Wahrnehmung sogar statisch wirken. Daher kommt eine Auseinandersetzung mit Kultur nicht ohne historische Perspektive aus. Andererseits ist es unser Ziel, das heutige Italien verständlich zu machen. Daher werden wir die historische Langzeitperspektive nur insofern einnehmen, als die Kenntnis der jahrhundertealten Diskussion um italienische Identität und den Wert dessen, was *italianità* genannt wird, für das Verständnis der heutigen kulturellen Wirklichkeit relevant ist. Es geht also nicht darum, eine historische Rekonstruktion der in verschiedenen Epochen vorherrschenden Bilder von Italien und seiner Kultur zu versuchen. Im Zentrum unseres Interesses steht das Italien des beginnenden 21. Jhs.

Aufbau

Der Aufbau des Buches trägt der Zielsetzung und der Definition des Gegenstandsbereichs Rechnung. In Kapitel 2 wird ein Rückblick in die Geschichte Italiens zeigen, welche Elemente für die Herausbildung eines Bewusstseins von *italianità* relevant wurden (eine historische Tabelle am Ende des Buches liefert zudem die wichtigsten Fakten der jüngeren politischen Geschichte Italiens). Kapitel 3 befasst sich mit der grundsätzlichen Problematik von Selbst- und Fremdbild heute, knüpft also an die historischen Überlegungen unmittelbar an. Hier geht es auch darum, die bereits angesprochene Problematik zu vertiefen, dass Kultur wesentlich mit den Bildern zusammenhängt, die sich Gruppen von sich selbst machen bzw. die andere von dieser Gruppe haben. Die Kapitel 4 und 5 stellen sozio-politische Aspekte in den Vordergrund. Allerdings geht es auch bei diesen soziologischen Betrachtungen darum zu erklären, wie sich Mitglieder der italienischen Kultur aufgrund gewisser gesellschaftlicher und politischer Strukturen verhalten, welche Bedeutung sie den realen Gegebenheiten beimessen. Die übrigen Kapitel befassen sich dann mit den kulturellen Repräsentationssystemen, zu denen, neben der Sprache, die Künste im weitesten Sinne, die Bedeutung der Bildung, die Medien und die Rolle der Intellektuellen in der Öffentlichkeit gehören. Die Breite der angesprochenen Themenbereiche zeigt, dass Kulturwissenschaft keinen abgegrenzten Gegenstand hat, sondern eine Vielzahl von Gegenständen in einer bestimmten, eben kulturellen Perspektive betrachtet. Daher ist diese kulturwissenschaftliche Einführung komplementär zu eher empirisch sozialwissenschaftlichen Untersuchungen zu verstehen.

Literatur

Böhme 1996, Brütting 1997, Große 1997, Hansen 2000, Nünning 1998.

Benedetto Croce (1866–1952)

ist einer der einflussreichsten italienischen Philosophen und Intellektuellen des 20. Jhs. Von seiner Wahlheimat Neapel aus entwickelte er in den ersten Jahren des 20. Jhs. die Grundlagen seiner Ästhetik und Philosophie. Die von ihm gegründete Zeitschrift *La critica* (bis 1943) stand im Zentrum wichtiger kultureller Debatten. Croce wandte sich gegen den Positivismus und Materialismus des 19. Jhs. Er betonte die Bedeutung der geistigen Dimension des Menschen und die Qualitäten ästhetischer Werke. Politisch war er ein Anhänger des bürgerlichen Liberalismus. Anfangs wie viele andere Intellektuelle von Mussolini und seinem revolutionär-faschistischen Modell beeindruckt, wandte er sich 1925 mit seinem *Manifest der antifaschistischen Intellektuellen* vom selbst ernannten Duce ab. Seine Opposition zum Regime war passiv intellektuell, nicht aktiv politisch, was ihm später Vorwürfe übergroßer Zurückhaltung einbrachte. Nach 1943 wurde er zu einer der Leitfiguren der italienischen Öffentlichkeit: Als unabhängiger, dem Faschismus nicht erlegener Intellektueller wurde er zum Garanten für die Kontinuität des liberalen Italien. Seine Ästhetik (*Estetica* 1902) prägte Generationen von Professoren an italienischen Universitäten, die der werkimmanenten Interpretation der als genialisch angesehenen Kunstwerke den Vorzug vor literatursoziologischen Methoden gaben.

Antonio Gramsci (1891–1937)
ist die zentrale Figur der Linksintellektuellen Italiens – bis in die Gegenwart hinein. Nach seinem Studium in Turin trat er in die sozialistische Partei Italiens ein und beteiligte sich aktiv an den Arbeiteraufständen nach der Oktoberrevolution. 1921 war er unter den Begründern der kommunistischen Partei Italiens. Seine Zeitschrift *L'ordine nuovo* war das Sprachrohr der Linken. Als Abgeordneter 1924 ins Parlament gewählt, wurde Gramsci 1926 als Antifaschist inhaftiert. Er starb an den Folgen des langen Gefängnisaufenthalts. Vor allem seine *Quaderni del carcere* wurden für die Intellektuellen der Nachkriegszeit zu einem festen Bezugspunkt. In polemischer Abgrenzung von Croce betont Gramsci die Bedeutung der Sozialgeschichte für die Hervorbringung individueller Kunstwerke. Besonders fruchtbar waren seine Idee einer Geschichte der italienischen Intellektuellen, seine Forschungen zur populären Literatur des Landes und zum Verhältnis von Schriftsteller und Publikum. Bis zum Niedergang des *Partito Comunista Italiano* war Gramsci der wichtigste Garant für ein linkes Engagement, das den Intellektuellen sowohl Freiheit als auch Verantwortung und zentrale Bedeutung für den zivilisatorischen Fortschritt zuwies.

2
KAPITEL

Die italienische Geschichte und die Entstehung der Idee von Italien

1 Die Diskussion um Italien

Italien auf der Spur

Wir werden uns in dieser Einführung auf das heutige Italien und seine Kultur konzentrieren. Allerdings kann man nicht übersehen, dass einige Merkmale der italienischen Gesellschaft, typische Verhaltensweisen und die Vorstellungen, die Italiener von ihrer eigenen Kultur heute haben, das Ergebnis langer historischer Prozesse sind. Die italienische Geschichte ist zudem dadurch gekennzeichnet, dass die Diskussion um die Frage, was eigentlich unter Italien zu verstehen sei, wodurch die Bewohner der Halbinsel gekennzeichnet seien und was ihre Kultur ausmache, die Abfolge der zahlreichen Fremdherrscher seit der Zeit des Römischen Reiches begleitet. Einige Aspekte dieser jahrhundertealten Diskussion wirken bis in das heutige Selbstverständnis Italiens hinein. Daher sollen in diesem Kapitel die wichtigsten historischen Etappen bei der Entstehung des modernen Italiens rekonstruiert werden, wobei auf eine Anhäufung von Daten und Namen aus der politischen Geschichte verzichtet wird (siehe hierzu die Tabelle S. 145 ff.). Im Mittelpunkt des Interesses stehen jene Aspekte der Geschichte, die für die Herausbildung einer (oder verschiedener konkurrierender) Vorstellung(en) von Italien wichtig wurden. Gleichzeitig werden wir auf jene sozialen und politischen Fakten hinweisen, welche die heutige Sozialstruktur des italienischen Staates und damit auch kulturelle Eigenheiten geprägt haben.

Geschichte als Konstrukt

Objektive Geschichtsschreibung kann es nicht geben. Die einzelnen historischen Ereignisse, die Tatsachen, erhalten erst in dem Moment eine Bedeutung, in dem sie Teil einer zusammenhängenden Erzählung, einer historischen Narration werden. Diese Herstellung eines bedeutungsvollen Zusammenhangs ist für die Nationalgeschichten besonders wichtig, weil sich in ihnen nicht nur die Fakten ordnen lassen, sondern die Selbstbeschreibung, die kollektive Identitätsstiftung hier ihren privilegierten Platz finden. Im Fall der italienischen Nationalgeschichtsschreibung kann man z. B. beobachten, dass die historischen Konstruktionen stark variieren, je nachdem, ob man die Geschichte Italiens aus Nord- oder Südperspektive betrachtet. Aus Sicht des Südens stehen die Fremdherrschaft und die Übermacht der Kirche im Vordergrund, aus Sicht des Nordens die Phasen stärkerer Autonomie und Demokratie. Die nachfolgend skizzierten historischen Konstrukte sind die heute in der italienischen Geschichtsschreibung dominanten, wobei zunächst das Augenmerk auf die Fremdherrschaften gelenkt wird, anschließend auf jene Aspekte italienischer Geschichte, die zur Selbstbeschreibung des vereinten und selbstbestimmten Italien gehören. Die Nationalstaatsbildung erweist sich hierbei als Dreh- und Angelpunkt der Geschichtsschreibung.

Unità

Wer von der italienischen Geschichte und ihrer Bedeutung für die heutige Kultur des Landes spricht, wird nicht an der Tatsache vorbeikommen, dass die politische Nationalstaatsbildung, die *unità nazionale*, vor allem für die Italiener selbst einen grundlegenden Einschnitt bedeutet. Liest man historische Werke zu Aspekten der italienischen Kultur, gewinnt man den Eindruck, als beginne mit dem Datum 1861 für die italienische Kultur eine neue Zeitrechnung. Der Blick und das Erkenntnisinteresse ändern sich, je nachdem, ob man die Position des „vorher“ oder „nachher“ einnimmt. Dies hat auch Auswirkungen auf die Gestaltung dieses Kapitels. Das zweite und dritte Teilkapitel behandeln die kulturell relevanten Etappen der politischen Geschichte des Landes hin bis zur Einigung. In Teil 4 hingegen wird untersucht, welche Bestandteile (der älteren oder zeitgenössischen Geschichte) in die Selbstbildfindung nach der Staatenbildung eingegangen sind. Der Blick richtet sich hierbei also nicht mehr „von außen“ auf die kulturell-politische Entwicklung des Landes, sondern rekonstruiert „von innen“ die Ausarbeitung nationaler, identitätsstiftender Mythen. Teil 5 schließlich dient der Darstellung einer anderen, heute durchaus noch existierenden Darstellung der italienischen Geschichte im Fokus der katholischen Kirche.

Italianità

Wenn von den Vorstellungen die Rede ist, die man sich von dem geographischen, politischen und kulturellen Gebilde Italien macht (und machte), wird in vielen Publikationen der Begriff *italianità* benutzt. Dieser Begriff ist vor allem während der politischen Einigungsbewegung des 19. Jhs. verwendet worden, als es darum ging, einer kulturell schon lange behaupteten und beschriebenen Einheit eine staatliche Form zu geben. Später wurde aus dem romantisch inspirierten Gedanken eines kollektiven „Volksgeistes“ der politisch aggressive Anspruch, an die imperiale Größe Roms anknüpfen zu können. Mit diesem imperialen Anspruch, der *romanità* und *italianità* gleichzusetzen pflegte, wurde der Begriff aus heutiger Sicht moralisch entwertet bzw. ideologisch aufgeladen (Hausmann 2000). Aus diesem Grund werden wir diesen Begriff nicht unkritisch verwenden, sondern zeigen, wie er in gewissen historischen Momenten benutzt wurde. Wenn wir von all jenen Eindrücken, Ideen, Verhaltensweisen usw. sprechen, die man mit einer Vorstellung von Italien in Verbindung bringt, werden wir von Selbstbild, Fremdbild oder von italienischer

Identität sprechen, wobei immer klar sein muss, dass es sich hierbei um kollektive Wahrnehmungen und Sinnzuweisungen handelt und keinesfalls um etwas „Wesentliches", genetisch Fixiertes und damit deterministisch Unwandelbares.

2 Das Erbe des Römischen Reiches

Das antike Rom

Sobald man nach den Wurzeln der italienischen Identität fragt, betritt man das Terrain vielschichtiger und kontroverser Debatten unter Historikern. Immer wieder gab es Versuche, die Geschichte des Landes als einheitliche Entwicklung zu verstehen. Eine besonders traurige und sachlich simplifizierende Variante dieses Versuchs der „einen italienischen Geschichte" ist die faschistische Propaganda (1922 bis 1944). Auf der Suche nach einer „italischen" Gemeinsamkeit, die jenseits aller lokalen und regionalen Besonderheiten Geltung erlangen könnte, berief man sich auf das gemeinsame römische und vor allem kaiserliche Erbe. Gerade weil die Verbindung der italienischen Kultur mit der Epoche des imperialen Roms durch den Faschismus in Misskredit gebracht worden war, verzichteten die Historiker nach dem 2. Weltkrieg bewusst auf diese Genealogie. Mit der zeitlichen Distanz wächst allerdings die Überzeugung unter Historikern, dass man nicht völlig vom römischen Erbe absehen kann, wenn man eine begründete Aussage über die italienische Kultur und Gesellschaft in der Moderne machen will. Heute erscheint der Blick auf das Erbe Roms weniger problematisch.

Rom aus heutiger Sicht

In dem Maße, wie Italien als Demokratie fester Bestandteil der westlichen Staatengemeinschaft ist, fällt es leichter zu sehen, dass das imperiale Rom für das Selbstverständnis der italienischen Gesellschaft auch heute noch eine gewisse Rolle spielt. Zunächst bedeutet Rom für die italienische Bevölkerung eine gewaltige Verantwortung. Als das westliche römische Reich im Jahre 476 n. Chr. in die Hand fremder Mächte fällt, ist die Bevölkerung der italienischen Halbinsel in keinerlei gemeinsamer staatlicher Form organisiert. Kulturell gesehen fällt ihr nach dem Einfall der sog. Barbaren die Aufgabe zu, das immense künstlerische und kulturelle Erbe des Römischen Reiches zu bewahren, und das zu einer Zeit, als die politische Herrschaft für sehr lange Zeit an fremde Mächte übergeht. Auch heute ist es noch schwierig, die großartige lateinische Kultur als stete Vergleichsfolie und damit als Messlatte vor Augen zu haben. Abgesehen von dem fast erdrückenden kulturellen Erbe hat die Epoche des lateinischen Roms den nachfolgenden Gesellschaften auf der Halbinsel aber auch prägende soziale und politische Strukturen hinterlassen: eine dezentrale

Verwaltungsstruktur, die den Städten große Bedeutung gab, das Bewusstsein einer kulturellen Einheit der Halbinsel und schließlich die große Rolle, die Intellektuelle und Schriftsteller bei der Entwicklung des Landes spielten.

Norden und Süden

Im Selbstverständnis des Römischen Reiches ist die Unterscheidung in Ost- und Westreich grundlegend. Die Halbinsel selbst wird als zweigeteilt angesehen: Die Völker Mittel- und Süditaliens (mit Ausnahme der Inseln) gelten als rauh und kriegerisch, während die Völker im Norden als umgänglich und gewissenhaft angesehen werden (Galli della Loggia 1998). Aus der Zeit des Römischen Reiches stammt auch eine gewisse Toleranz und Neugier gegenüber fremden Kulturen und Religionen sowie die Fähigkeit, sich mit den unterschiedlichsten Regierungs- und Herrschaftsformen zu arrangieren.

Dezentralisierung

Das Römische Reich errang seine Bedeutung durch stete Expansion; die politische Organisation hingegen beruhte auf dem Prinzip der Dezentralisierung. *Divide et impera* (teile und herrsche) war die berühmte politische Formel der römischen Innenpolitik. Aus dieser Dezentralisierung des Reiches entwickelte sich jene Form von Politik, die bis in das moderne Italien hineinwirkt und die man Partikularismus nennt. Darunter versteht man die Tendenz der italienischen Bürger, den Belangen der eigenen Stadt mehr Bedeutung beizumessen als den übergeordneten Interessen des Staates.

Römische Überbleibsel

Mit dem Beginn der Völkerwanderungen und dem Einfall der „barbarischen“ Völker sind die italienischen Städte und Regionen vor große Aufgaben gestellt. Die Reaktionen fallen sehr unterschiedlich aus: Je nach der Fähigkeit, sich gerade in diesem Moment mehr oder minder selbständig zu organisieren und zu verteidigen, entwickeln die verschiedenen Gebiete der Halbinsel politische Initiative. Der sehr unterschiedliche Grad an politischer Handlungsfähigkeit bedingt die heterogene politische Entwicklung der italienischen Städte und Regionen in den folgenden Jahrhunderten.
Ein weiteres Element der lateinischen Kultur, das lange fortwirkt, ist das Rechtssystem. Das römische Recht beeinflusst die Gesetzgebung der Eroberer und Fremdherrscher. Ab dem 11. Jh. wurde es in der Juristenschule von Pavia unterrichtet und mit der Gründung der ersten modernen Universität, Bologna, im Jahre 1088 wird das römische Recht ein fester Bezugspunkt für die geistige Elite Europas. Im Zentrum des römischen Rechts steht die Stärkung der Individualrechte.

B Fremde Herrscher

Das Ende Roms

Der Zerfall des Weströmischen Reiches (476 n. Chr.) versetzt die Gesellschaft und die politische Gestaltung dessen, was einmal der italienische Staat werden sollte, in einen desolaten Zustand. Von diesem Moment an geht die politische Einheit des Landes für 14 Jahrhunderte verloren und keiner der zahlreichen Fremdherrscher, die sich das Land aufteilen und nacheinander regieren, vermag die Einheit wieder herzustellen.

Die „Barbaren" (476–774)

Der Einfall der barbarischen Völker im 5. Jh. steigert bei den Einwohnern Italiens das Bewusstsein, kulturell anders zu sein als die Invasoren. Selbst das verbleibende Oströmische Reich mit der Hauptstadt Byzanz wird als fremd und, aufgrund einer harten Steuerpolitik, als unterdrückerisch empfunden. Parallel zum politischen Niedergang Roms, der die Bevölkerung zum Spielball fremder Mächte macht, vollzieht sich die Ausbreitung des Christentums auf der Halbinsel. In Ermangelung lokaler politischer Kräfte fällt der Kirche zunehmend die Aufgabe nicht nur religiöser, sondern auch politischer und ziviler Organisation zu.

Die Langobarden (756–774)

Die Langobarden sind das einzige „barbarische" Volk, das in Italien ein politisches und kulturelles Erbe hinterlassen und zudem römische und christliche Einflüsse aufgenommen hat. Die Langobarden beherrschen Norditalien und erobern wichtige Positionen im heutigen Apulien und in der Basilicata. Unter den langobardischen Herrschern löst sich Italien von Ost-Rom. Die Kirche etabliert zunehmend ihre weltliche Macht und organisiert sich als Kirchenstaat. Indirekt tragen die Langobarden dazu bei, die imperiale Macht in den Händen der Karolinger zu restaurieren. Die päpstliche Kirche begrüßt diese Wiedergeburt der kaiserlichen Idee als Bestandsgarantie und als politischen Schutz. In sozialer Hinsicht etablieren sich unter den langobardischen Herrschern im Norden neue sozioökonomische Organisationsformen, wie z. B. die gemeinsame Nutzung der Ländereien und Wälder. Damit wird die römische Vorstellung von Besitz durch germanisches Recht abgelöst. Im Süden des Landes hingegen kann man einen zunehmenden Verlust an Produktivkraft beobachten – die dortigen Einwohner fallen zurück auf das Niveau einfacher Schäfer.

Das Feudalzeitalter unter den Franken (774–887)

Im Jahre 774 besiegt Karl der Große (742–814) den letzten Langobardenkönig und wird 800 in Rom zum Kaiser des Heiligen Römischen Reiches gekrönt. Unter den Karolingern vollzieht sich der Übergang zur feudalen Gesellschaft. Die Verwalter und Bürokraten des Reiches bekommen den Titel eines Grafen verliehen, der erblich wird. Die Feudalherren waren vom Kaiser weitgehend unabhängig und konnten in ihren Besitzungen eigenständige

Politik betreiben. Dies führte in Italien sowohl in den Städten als auch in den ländlichen Gebieten zu einer Verstärkung des Partikularismus, der wenig später mit den Stadtstaaten seine extremste Form erreichte. Die Loyalität der Feudalherren gegenüber dem Kaiser wird durch Beamte (aus denen später der Erbadel hervorging) und durch Vertreter der Kirche kontrolliert. Damit verstärkt sich die Verbindung von weltlicher und geistlicher Macht. In kultureller Hinsicht bewirkt die sog. Karolingische Renaissance einen Aufschwung der Studien. Die vor allem in Klöstern und an Bischofssitzen angesiedelten Studienzentren haben die Aufgabe, die politische Elite des Landes auszubilden.

Die Araber (827–1091)

Verschiedene Faktoren tragen zur Verschlechterung der politischen Zustände auf der italienischen Halbinsel schon während der Karolingerherrschaft bei: Machtkämpfe zwischen den lokalen Potentaten, die Landung der Araber (die man im Mittelalter Sarazenen nannte) in Sizilien (827) und ihre Ausbreitung in Kalabrien und Apulien und schließlich der zunehmende moralische Verfall der Kirche, der das Papsttum vom 11. Jh. bis zur Gegenreformation begleitet (siehe Infobox S. 37). Die Etablierung der Araber als beherrschende Macht des Mittelmeerraums zwingt die nicht besetzten Gebiete, neue Wege des Warenaustauschs zwischen Byzanz und den römisch-germanischen Gebieten zu finden. Venedig und Amalfi setzen sich als Handelszentren durch. Rom als politisches Zentrum verliert zunehmend an Gewicht und wird auf seine Rolle als Papstsitz reduziert.

Die arabischen Herrscher hinterlassen vor allem auf Sizilien vielfältige kulturelle Spuren. Religiöse und profane Architektur und Gartenbau gehören ebenso dazu wie neue Bewässerungstechniken und neue Pflanzen (Orangen, Mandarinen, Spargel, Artischocken und Safran). Das Kunsthandwerk (Stoff- und Metallverarbeitung) wird weiterentwickelt. In der populären Kultur Siziliens verbreiten sich Formen von Magie, derer sich spätere Herrscher (FRIEDRICH II.) zu bedienen wissen. In diesem kulturellen Einfluss liegen die Wurzeln des sehr verbreiteten „Aberglaubens" oder, anders ausgedrückt, der Verschmelzung von Magie (die zumindest theoretisch von der Kirche verboten war) und christlichem Glauben des Volkes.

Die Liudolfinger (951–1024)

Mit der Eroberung Italiens durch OTTO I. aus der sächsischen Königsfamilie der Liudolfinger (auch Ottonen genannt) beginnt ein Jahrtausend gemeinsamer Geschichte von Deutschen und Italienern. 962 wird Otto von Papst JOHANNES XII. zum Kaiser gekrönt – dies ist die Geburtsstunde des „Heiligen Römischen Reiches deutscher Nation". Im Unterschied zum karolingischen Reich beansprucht es nicht den Bereich der gesamten Christenheit und dient nicht der Kirche. Im Gegenteil: Unter den sächsischen Herrschern steht die weltliche Macht des Kaisers über der päpstlichen. Ziel ist die Eroberung der gesamten italienischen Halbinsel – die arabischen und byzantinischen Herrscher widersetzen sich jedoch erfolgreich – und die Errichtung einer starken Zentralregierung. Unter den Sachsen bekommt die Idee der *Renovatio Imperii* (die Wiedergeburt des antiken Rom) neue Aktualität. Nicht zufällig wählt OTTO III. Rom als Kaisersitz (982). Alle sächsischen Kaiser, vor allem aber der später heilig gesprochene HEINRICH II., versuchen direkten Einfluss auf die Kirche auszuüben, um die moralische Dekadenz zu stoppen. Sie beanspruchen das Ernennungsrecht für kirchliche Funktionen. Dies führt zum Investiturstreit, der im Konkordat von Worms (1122) beigelegt wird: Die Wahl des Papstes ist fortan alleinige Aufgabe der Kirche.

Die Normannen (1061–1190)

Die Normannen verfolgen eindeutig das Ziel eines einheitlichen, absolutistischen Staates auf der gesamten Halbinsel. Sie erreichen dieses Ziel zwar nicht, vereinen aber den gesamten Süden. Mit dem Erstarken der normannischen Herrscher kommt die autonome wirtschaftliche Entwicklung einzelner süditalienischer Städte wie Amalfi, Bari, Gaeta und Neapel zum Erliegen. Dies ist einer der Hauptgründe für die jahrhundertelange ökonomische Rückständigkeit des Südens und für die geringe unternehmerische Initiativkraft der Bevölkerung. Zudem entbrennt ein Streit um die lokale Macht zwischen dem Königshaus und den Großgrundbesitzern (*baroni*), der bis ins 19. Jh. andauert.
Die Normannen gestehen dem Papst ein erhebliches Mitspracherecht bei der Wahl des jeweiligen Herrschers zu. Im historischen Rückblick erscheint die Normannenherrschaft insofern als positiv, als sich durch die Einigung des Südens alle dort wirkenden kulturellen Gruppen besser entfalten konnten. Arabische und byzantinische Stilelemente finden sich in zahlreichen Bauwerken dieser Epoche, während der arabische Einfluss sich besonders in der Verwaltung und Wirtschaft des Landes bemerkbar macht.

Die Staufer (1154–1266)

Mit dem Aufstieg des Hauses Hohenstaufen auf den Kaiserthron entbrennt erneut der Kampf zwischen den beiden Mächten mit Universalanspruch: Kirche und Kaisertum. In dieser Zeit entstehen zwei politische Lager, in die Italien für lange Zeit zerfällt. Auf der einen Seite stehen jene, die sich gegen die Korruption der Kirche wenden und den Kaiser unterstützen (*ghibellini*, s. Infobox S. 37), auf der anderen die Gegner der staatlichen Einmischung in Angelegenheiten der Kirche (*guelfi*, s. Infobox S. 37). Der Italienfeldzug FRIEDRICH I. Barbarossas hat zunächst das Ziel, die zunehmend unabhängigen und rebellischen freien Städte (*comuni*) im Norden des Landes der kaiserlichen Autorität zu unterwerfen. BARBAROSSA kann zwar zunächst die *comuni* besiegen und Mailand zerstören (1162), aber 1176 setzt sich der Unabhängigkeitswille der Städte

in der Schlacht von Legnano auch militärisch durch. Dieser Sieg wird später als erster „nationaler" Sieg gefeiert, in dem sich die Städte des Nordens unter dem Banner der *Lega Lombarda* über Partikularinteressen hinweggesetzt und gemeinsame Interessen verteidigt haben.
Durch die Hochzeit zwischen Heinrich VI. von Schwaben und der Erbin des normannischen Throns im Süden besteht die Möglichkeit zur nationalen Einigung, die allerdings von Papst und *comuni* zugunsten größerer Unabhängigkeit von den deutschen Fremdherrschern bekämpft wird. FRIEDRICH II. regiert jedoch auch im Süden und verfolgt die normannischen Pläne des einen italienischen Staates weiter. Unter seiner Herrschaft wird die Aristokratie weiter gestärkt. Gleichzeitig aber bindet er die Bevölkerung an den Thron, indem er durch ein paternalistisches Regime auf die Bedürfnisse und Sorgen der einfachen Untertanen eingeht. Sein Staat kann zwar als zentralistisch, nicht aber als ausbeuterisch bezeichnet werden, wie es bei späteren Fremdherrschern wie französischen und spanischen Königen der Fall sein sollte. Als FRIEDRICH II. 1250 stirbt, ist ihm die Bewunderung von Verbündeten, Untertanen und sogar seinen Feinden sicher. Unter seiner Herrschaft hatten sich die Künste vorbildlich entwickelt, und die von ihm mitbegründete Sizilianische Dichterschule kann als ein Meilenstein auf dem Weg zu einer nationalen Sprache und zu einer nationalen Kunsttradition bezeichnet werden. FRIEDRICH II. ist nicht nur ein Beispiel für toleranten Umgang mit einer Vielfalt von Kulturen, sondern ein bewusster Förderer und Bewunderer der zahlreichen Traditionen und Kulturen, die ihn geprägt haben: die deutsche, die italienische, die normannische und arabische.

Das Haus Anjou (1265–1442)

Die Anjou werden vom Papst nach Italien gerufen, um den Kirchenstaat gegen den von den deutschen Kurfürsten gewählten König von Rom und gegen die Ghibellinen zu unterstützen. Die französischen Herrscher erreichen auf diesem Weg die Unterstützung der Guelfen, deren Einfluss durch den Sieg über die hohenstaufischen Thronanwärter größer wird. Die kirchennahen Historiker schaffen einen regelrechten Mythos der Anjou, die als „edle Falken" im Kampf gegen die schwäbische „Viper" dargestellt werden. CHARLES I. D'ANJOU erscheint wie der von Gott entsandte Retter der *pietas*. In Wirklichkeit verfolgt er jedoch eine reine Machtpolitik. Um den unabhängigen Norden besser kontrollieren zu können, wird der Regierungssitz von Palermo nach Neapel verlegt, was in Sizilien zu einer schweren Vertrauenskrise führt. Im Norden versucht CHARLES I., durch Allianzen mehr Unterstützung für seine Herrschaft zu bekommen. Vom einstigen Helden des Christentums wandelt sich sein Bild bald zu dem eines grausamen, geizigen und sittenlosen Herrschers. Die Beziehung zum Kirchenstaat ist gleichfalls gestört.

Erst sein Enkel ROBERT kann an den positiven Mythos des Hauses Anjou anknüpfen. Unter seiner Herrschaft stabilisiert sich das Verhältnis zur Kirche, Kunst und Literatur werden bewusst gefördert. Robert geht in seiner Annäherung an die Kirche sogar so weit, die These zu vertreten, derzufolge das göttliche Recht zur Herrschaft den Königen durch die Hände der Kirche verliehen wird. Allerdings befindet sich die Kirche in jenen Jahren in einem Zustand der Korruption und der inneren Spaltung. Es sind die Jahre der Gefangenschaft des Papstes in Avignon, von wo aus die Päpste mit zunehmender Aggressivität Kontrolle über Italien bekommen wollen. Die Unterstützung der Kirche in der Bevölkerung schwindet, wodurch auch das Ansehen ROBERTS Schaden nimmt. An seinem Hof in Neapel förderte ROBERT gezielt die Wissenschaften und Künste. Mit FRANCESCO PETRARCA (1304–1374) und GIOVANNI BOCCACCIO (1313–1375) zieht er zwei der bedeutendsten Autoren seiner Zeit an. Bei seinem Tod steht ROBERT in dem Ruf, Erbe antiker Tugenden zu sein und als „philosophischer König" zu herrschen. Trotz aller kultureller Errungenschaften der Anjou darf jedoch nicht übersehen werden, dass der politische Erfolg unmittelbar mit der wirtschaftlichen und sozialen Stagnation des Südens verknüpft ist.

Das Haus Aragón (1282–1700)

Bereits 1282 übernimmt das Herrscherhaus Aragón das Königreich Sizilien. 1442 gewinnen die Katalanen im Kampf gegen die Anjou das Königreich Neapel, wo fortan der Sitz des Hofes ist. Die Hegemonie Spaniens über Italien, das wie eine Kolonie beherrscht wird, verdammt das Land während ca. 250 Jahren zu politischem, wirtschaftlichem und kulturellem Stillstand. Mit viel größerer Konsequenz als unter den Anjou werden in hohen politischen Ämtern und in der Verwaltung nur Katalanen zugelassen, was zu einer Verschlimmerung der *questione meridionale* (d. h. der vielfältigen Probleme des Südens) führt: Zu lange wird dadurch die Herausbildung einer eigenständigen politischen Klasse verhindert. Die Machtkämpfe zwischen den örtlichen *baroni* (d. h. den lokalen Feudalherren) und den katalanischen Potentaten gehen natürlich weiter, aber sie werden eher als Rebellion gegen den „legitimen" Staat denn als Versuche nationaler Erhebung wahrgenommen.

Sowohl das Königreich Neapel als auch Sizilien und Mailand, das durch die Hochzeit zwischen GIAN GALEAZZO SFORZA und ISABELLA VON ARAGÓN (1489) zum spanischen Einflussgebiet geworden war, leiden unmittelbar unter dem spanischen Immobilismus. Aus dieser Konstellation hätte die Idee eines einheitlichen Staates entstehen können, aber die Aragoneser halten an einem feudal geprägten Herrschaftsprinzip fest, demzufolge ein besonderes Verhältnis zwischen Untertan und König, nicht aber zwischen Individuum

und Kollektiv (Staat) herrschen sollte. Während der spanischen Herrschaft entstehen dann auch regelrechte „Regionalstaaten" (Venedig, Piemont, Lombardei, Sizilien, Neapel), deren einziger gemeinsamer Nenner eine antispanische Einstellung ist.
Die Bürokraten des spanischen Reiches fördern das Ideal des Müßiggangs und sind gegenüber einem modernen, produktiven Verständnis von Arbeit äußerst ablehnend eingestellt. Politische Aktivität ist für sie gleichbedeutend mit Ausbeutung der einfachen und ländlichen Bevölkerung. Die Verweigerung der produktiven Arbeit wird historisch meist auf die großen Reichtümer des spanischen Weltreichs zurückgeführt, die einer Entwicklung moderner Produktionsformen im Wege standen. Natürlich hinterließ eine solche Einstellung gegenüber der Arbeit als etwas „Niederem" auch bei der jahrhundertelang beherrschten Bevölkerung Spuren, die sich noch in der jüngsten Geschichte des Landes nachweisen lassen.
Die aragonesische Herrschaft favorisiert die Landwirtschaft, die mehr auf Autarkie abzielt als auf Warenaustausch. Der Handel zur See wird zudem durch Piraterie und den allmählichen Vormarsch der Türken behindert. Haupteinnahmequellen bleiben somit die Landwirtschaft und das barocke Bauwesen. Im Süden kehren immer mehr Untertanen aus der Stadt auf das Land zurück.

Die Bourbonen (1734–1860)

Als CARLOS als König in Neapel inthronisiert wird, findet er ein von den aragonesischen Herrschern vernachlässigtes Land vor. Die fortschrittlichen Ideen der Aufklärung finden nur langsam Eingang in die Politik. Ein Verdienst des neuen Herrschers ist, italienische Berater in die Geschicke des Landes einzubeziehen. Der Toskaner BERNARDO TANUCCI (1698–1783), ein Anhänger aufgeklärter Ideen, wird zum wichtigsten italienischen Politiker der Zeit. Er beschränkt den Einfluss der Kirche und der *baroni*. Als 1759 FERNANDO IV. Nachfolger von CARLOS wird (der als König Carlos III. von Spanien dem Land Reformen und Fortschritt bringt) und er 1768 eine der Töchter von MARIA THERESIA VON ÖSTERREICH (1717–1780) heiratet, geraten die Reformen durch den Einfluss der Monarchin ins Stocken. Fortan stehen sich in Neapel zwei Lager gegenüber: die Anhänger einer aufgeklärten und antiklerikalen Politik, die für Bildungsreformen und moderne Staatsverwaltung eintreten, und die Traditionalisten. Als wenig später Napoleon im Süden Italiens die Republik ausruft, unterstützen ihn die fortschrittlichen Intellektuellen. Das Volk hingegen kämpft mit dem Klerus für die Rückkehr der Bourbonen.
Aber der Wille zu einer Modernisierung des Staates und zu größerer Unabhängigkeit führt bald zu neuen Unruhen. Im Rahmen der europäischen Revolutionen und Aufstände von 1830 erhebt

sich das fortschrittliche Neapel und Sizilien kämpft für seine Unabhängigkeit. Beide Bewegungen werden hart unterdrückt. Im ersten Unabhängigkeitskrieg des Königreichs Piemont (1848) gegen Österreich unterstützt das Königreich Neapel zunächst die Piemonteser, zieht dann aber seine Unterstützung – auch auf Druck des Papstes – wieder zurück. Es gelingt den Bourbonen im 19. Jh. nicht, das Vertrauen der Bevölkerung und der Intellektuellen zu erlangen. Als im Rahmen der Unabhängigkeitsbewegung die Truppen GARIBALDIS (1807–1882) dem Süden eine gerechte Verteilung des Grundbesitzes versprechen, ist die Unterstützung aller Bevölkerungsschichten denkbar groß.

NAPOLEON (1796–1814)

Als NAPOLEON an der Spitze des revolutionären Heeres die Ideen des neuen Frankreichs nach Italien trägt, ist die Reaktion gespalten. Einerseits hofft man auf die Errungenschaften der aufgeklärten *civilisation*, die dem einfachen Volk viele Vorteile gebracht hat, andererseits sieht man auch das furchtbare Regime der *terreur*, in das die Ideale der Revolution gemündet waren.

Die Errichtung eines republikanischen Systems französischer Prägung in einigen Gegenden Italiens hat nicht nur für die Politik, sondern auch für die Kultur des Landes einschneidende Konsequenzen. Die Situation ist paradox: Einerseits verbreiten sich die republikanischen Ideale der Freiheit, Gleichheit und Brüderlichkeit, andererseits wird das Land systematisch seiner größten Kunstschätze beraubt: Enteignungen, Beschlagnahme, Kontrolle und eine harte Steuerpolitik belasten die Bevölkerung und zudem gibt es kontinuierliche Konflikte zwischen der Republik und der religiösen Weltsicht großer Teile der Bevölkerung. Der Widerspruch zwischen Idealen und Wirklichkeit der Invasoren-Befreier tritt deutlich zutage.

Vor allem in Mailand, Turin und Neapel findet der Jakobinismus unter den Intellektuellen Italiens viele Anhänger. Es gelingt jedoch nicht, die republikanischen Werte und Ideen in der Bevölkerung zu verankern. So endet die neapolitanische Republik, als sich Volksmassen an der Erhebung gegen die Fremdherrscher beteiligen – zum ersten Mal geht vom Süden eine politische Bewegung aus, die vom Volk getragen und von der Kirche unterstützt wird.

Die napoleonische Epoche geht mit dem Wiener Kongress 1815 zu Ende. Und doch bleiben fortan einige aufklärerische Ideen in den politischen Diskussionen verankert. Und vor allem geht das Bewusstsein, dass dem Volk Würde und Autorität zukommt, gestärkt aus der napoleonischen Herrschaft hervor. Wie in anderen Regionen Europas ist ein gestärktes und neu erwachtes Nationalbewusstsein auch in Italien eine Folge von Französischer Revolution und napoleonischen Kriegen. Gleichzeitig setzen sich aufgrund der Erfahrungen mit den Jakobinern gemäßigte politische Ansätze durch. Dies gilt für die Bewegung des *risorgimento* ebenso wie für die italienische Republik des 20. Jhs.

Die Habsburger (1747–1870)

Der Einfluss des Hauses Habsburg auf die italienische Politik, der im 18. Jh. vor allem in der Toskana wirksam war, vergrößert sich mit der Neuordnung Europas durch den Wiener Kongress. Das zu einem Königreich zusammengeführte Gebiet der Lombardei und Veneziens wird von Wien streng kontrolliert, erfährt in einigen Bereichen aber auch erhebliche Modernisierungen. Die Bürokratie wird effizienter und die Anreize für ökonomische Eigeninitiative steigen. Die ohnehin wirtschaftlich sehr dynamische Region Lombardei profitiert zudem von der Öffnung zum Seehandel durch die Verbindung mit Venedig. Ausländische Investoren werden angezogen, private deutsche und schweizer Banken sowie zahlreiche englische Firmen in Mailand sind Ausdruck einer belebten Wirtschaft unter den Habsburgern. Im Vergleich zu anderen Regionen Europas jedoch (wie England oder Frankreich) schreitet die Modernisierung nur langsam voran – eines der ersten kleinen Eisenbahnstücke wird zwischen Mailand und Monza gebaut (1839).
In kultureller und intellektueller Hinsicht erweist sich die Herrschaft der Habsburger eher als Behinderung. Die meisten innovativen Denker kämpfen für die Unabhängigkeit des Landes, Aufstände oder kritische Publikationen werden unterdrückt oder zensiert, viele junge Italiener inhaftiert oder exiliert.

4 Italien als Nationalstaat: Mythen des nationalen Bewusstseins

Nationale Mythen

Das Ende der Habsburgerherrschaft markiert die Geburt des italienischen Nationalstaats. Die nun politisch geschaffene Nation sucht in der Historiographie nach den Wurzeln dessen, was sie als Kulturnation ausmacht. Gerade in diesem Bemühen um eine erst im Rückblick erkennbare Kontinuität auf dem Weg zur Einheit (deren Wert damals niemand abstreitet) wird deutlich, wie sehr eine Nation, sofern man sie als ein mentales, kulturelles Gebilde und nicht nur als Staat betrachtet, ein Ergebnis von mehr oder minder bewussten Konstruktionen ist.
In dem vorausgehenden knappen Überblick über die unterschiedlichen Phasen der Fremdherrschaft seit dem Zerfall des antiken Römischen Reiches ist bereits deutlich geworden, dass zu bestimmten Momenten die Überzeugung der Bevölkerung (der Elite ebenso wie des einfachen Volkes) der Halbinsel wächst, dass sie als Einheit gemeinsame Interessen und Ziele haben können. Aus diesen Momenten aufflackernden Bewusstseins einer „Nation", einer *italianità*, speist sich das kollektive Gedächtnis

dessen, was seit 1860 zu einem einheitlichen italienischen Staat – und auch zu einer Nation – zusammengewachsen ist. Bereits die Bewegung des *risorgimento*, aber verstärkt der nationale Einheitsstaat, arbeiten ganz gezielt an einer Geschichtsschreibung, die den Weg in die nationale Einheit in Freiheit nachzeichnen soll. Die weit in die Geschichte zurückreichenden Anfänge einer nationalen Unabhängigkeitsbewegung, die noch heute zum Selbstverständnis Italiens gehören, sollen in diesem Kapitel rekonstruiert werden. Während im vorangehenden Kapitel eine eher vom Süden des Landes aus verständliche Perspektive im Vordergrund gestanden hat, die vor allem auf die meist negativen Einflüsse der Fremdherrscher Bezug nimmt, überwiegt nun eine eher vom Norden aus gedachte Perspektive früher Anzeichen für politische Selbstbestimmung. Die nationale Geschichtsschreibung nach der *unità* grenzt die Phasen der Fremdbeherrschung weitgehend aus und schreibt die Geschichte Italiens als (mühsame) Erfolgsgeschichte.

1 *Comuni, signorie* und *principati*

***comuni* (11.–13. Jh.)**

Während des Mittelalters bilden sich, vor allem im Norden des Landes, kleine politische Einheiten heraus, die wir als Stadtstaaten bezeichnen können. Eine dieser Formen sind die vergleichsweise demokratisch regierten *comuni* (Kommunen). In ihnen sieht das *risorgimento* Ansätze zu heroischem Widerstand gegenüber den Fremdherrschern. Da es in Italien keine funktionsfähige zentrale Macht gibt, können sich die Stadtstaaten, die es als Struktur auch in anderen europäischen Ländern gibt, hier stärker entfalten und weit über die eigentlichen Stadtgrenzen hinaus ausdehnen. Der ökonomische und administrative Einfluss der Städte auf die sie umgebenden Regionen ist die Grundlage der noch heute bestehenden Regionalstruktur in Italien. Gleichzeitig entwickelt sich ab dieser Zeit eine starke Identifikationsbereitschaft mit der jeweiligen Stadt, die im Mittelalter als verlässliche Größe in Opposition zur Fremdherrschaft in Rom (oder Sizilien) gesehen wurde. Nach Auseinandersetzungen mit den staufischen Herrschern erringen die Kommunen im Frieden von Konstanz (1183) einen beachtlichen Grad an Unabhängigkeit.
Die Schriftsteller und Intellektuellen entwickeln in dieser Zeit zum ersten Mal die Vorstellung, zu einer gemeinsamen nachantiken Kultur zu gehören. Herausragendes Beispiel für ein erstarktes Bewusstsein einer zumindest kulturellen Identität Italiens sind die Werke Dante Alighieris (1265–1321).
Die Kehrseite der Medaille ist ein starker Partikularismus. Auch die Demokratisierung lässt zu wünschen übrig: An die Stelle der

Feudalherren treten einflussreiche Familien, die eine neue Oligarchie bilden. Der Kampf um die Vorherrschaft wird nicht als Wettstreit zwischen politischen Überzeugungen gesehen, sondern als persönliche Auseinandersetzung. Mehrheiten entstehen durch schnell wechselnde Allianzen aufgrund familiärer Netzwerke – eine Art von politischer Kultur, die bis heute nachwirkt.
Die starke Frontenbildung in den Kommunen (etwa zwischen Guelfen und Ghibellinen) führt zur allmählichen Veränderung der kommunalen Strukturen. Auswärtige Persönlichkeiten oder Familien werden zur Schlichtung in die Städte geholt, woraufhin sich die Macht mehr und mehr in einzelnen Familien konzentriert. Der Übergang von der tendenziell demokratischen zu einer Regierungsform, in der einzelne Familien die Macht innehaben, vollzieht sich je nach Region unterschiedlich: Entweder übernehmen alte Feudalherren die Macht (die D'Este in Ferrara, die Scaligeri in Verona), oder es sind wie in Florenz bürgerliche Familien (die Medici), die ihren Reichtum dem Handel verdanken.
In dieser Phase der Machtkonzentration in den Händen weniger Familien vollzieht sich eine Distanzierung zwischen Volk und Politik, zwischen Nationalgefühl und Verantwortung für das Gemeinwohl. Man fühlt sich der lokalen Heimat verbunden, vielleicht auch dem Herrscher, aber nicht dem Staatswesen gegenüber, in dem man lebt. Die Pflichten werden quasi an den Herrscher delegiert. Das Volk verliert das Interesse an Politik und opfert bereitwillig gemeinsame Werte der eigenen Ungestörtheit.

Herzogtümer (14./15. Jh.–18. Jh.)

In dem Maße, wie einzelne Familien in den Rang von Alleinherrschern aufsteigen, spüren sie das Bedürfnis, ihre übergroße Macht zu legitimieren, und zwar entweder durch den Kaiser oder den Papst. Hier beginnt der Übergang von den *signorie* zu den *principati* (etwa: Herzogtümer). Der erste ist Gian Galeazzo Visconti (1351–1402), der Herzog von Mailand wird (1395). Mit den starken Herrschern in Mailand, Florenz, Mantua, Ferrara, Urbino, Venedig und anderen beginnt eine Epoche des kulturellen Aufschwungs. Der Humanismus integriert das antike Denken in die christliche Philosophie, Handel und Handwerk florieren, die Künste und die Literatur erfahren einen in ganz Europa einmaligen Aufschwung – obwohl zur gleichen Zeit der wirtschaftliche Niedergang beginnt. Im späten 15. und 16. Jh. wird Italien zur vorbildlichen Kulturnation. Auch die Höfe in Neapel und der päpstliche Hof in Rom haben an diesem Aufschwung teil, auch wenn die Kirche der zunehmenden Verweltlichung des Denkens kritisch gegenüber steht.
Paradoxerweise verhindern die Macht und der kulturelle Glanz der Regionen eine stärkere Suche nach nationaler Einheit. Das

relative Gleichgewicht zwischen den großen Staaten führt zu geringer politischer Mobilität und zu Stagnation. Ab dem späten 16. Jh. gewinnen erneut Fremdherrscher die Überhand, weil sich die bis dahin erfolgreichen Oligarchien im Glanz des Erreichten spiegeln und keine politische Vision entfalten.

2 Das *risorgimento*

Definition

Unter *risorgimento* („Wiederauferstehung") versteht man all jene politischen, diplomatischen, militärischen, sozialen, wirtschaftlichen und kulturellen Phänomene, die zur nationalen Einigung Italiens führten. Je nach ideologischer Ausrichtung der unterschiedlichen Historikerschulen hat man die Anfänge sowohl in ökonomisch-sozialen Neuerungen des 18. Jhs. gesucht als auch in der Geschichte des Königshauses Savoyen, das den ersten „nationalen" König stellte.

Fakten und Einschätzungen

Schaut man auf die politisch unzweifelhaften Daten, so beginnt das *risorgimento* mit der Neuordnung nach dem Wiener Kongress. Unter den Habsburgern gibt es die ersten Aufstände (1820–21 und 1830–31), und auch die ersten Unabhängigkeitskriege finden im Norden statt (1848–49 und 1859).

In der heutigen Historiographie unterscheidet man unterschiedliche Ansätze und Zielsetzungen innerhalb des *risorgimento*: die jakobinische Richtung (auch neoghibellinisch genannt), die katholisch-gemäßigte (auch neoguelfisch genannt) und die monarchisch-liberale. In den divergierenden Zielen dieser Richtungen sieht man heute einen entscheidenden Ursprung der politischen Instabilität des Königreichs (1861–1948) und der Republik (1948 bis heute).

3 Die *resistenza*

Definition

Der Begriff *resistenza* bezieht sich auf die antifaschistische Widerstandsbewegung, die sich während des 2. Weltkriegs in Italien bildet. Benito Mussolini (1883–1945) beherrscht mit seiner faschistischen Partei als *duce* (Führer) das Land von 1922 bis 1943. Nach dem Waffenstillstand mit den Amerikanern (1943) organisiert sich die *resistenza* vor allem gegen die deutsche Besatzungsmacht, die den Norden (bis Rom) unter Kontrolle hat, während Amerikaner und Engländer den Süden befreit haben. Mit der Kriegserklärung an Deutschland am 1. 10. 1943 wird die *resistenza* institutionalisiert und in Brigaden organisiert. Der Befreiungskampf wird von Kommunisten, Sozialisten, Liberalen und Christdemokraten glei-

chermaßen getragen. Im Namen eines höheren Gutes – politische Unabhängigkeit und Befreiung vom Joch des Faschismus – werden ideologische Differenzen zurückgestellt. Diese Allianz sollte allerdings nicht von langer Dauer sein.
Während der Norden in einem bürgerkriegsähnlichen Zustand lebt und auch das Zentrum bewaffnete Konflikte auszutragen hat, nimmt die Bevölkerung im Süden die Kämpfe kaum wahr, sondern ist mit dem alltäglichen Überlebenskampf beschäftigt.

Interpretationen

Die heutige Interpretation der *resistenza* sieht diese als Ergebnis einer schwach ausgeprägten Identität des italienischen Staates, aus dem sowohl der Faschismus als auch der Widerstand hervorgegangen sind. Im Unterschied zur Deutung BENEDETTO CROCES, der im Faschismus nur eine „historische Klammer von 20 Jahren" sah und darauf vertraute, dass das „eigentliche" Italien an eine große humanistische Vergangenheit würde anknüpfen können, sieht man heute in der Opposition *fascismo – resistenza* den Ausdruck eines Kulturkonflikts innerhalb der Nation. Die *resistenza* wird als Antwort auf eine tiefe Krise des nationalen Selbstverständnisses gesehen.

Kriegsende

Mit der Kapitulation des Dritten Reiches bricht die interne Spaltung des Landes in der Opposition Kommunismus – Antikommunismus erneut auf. Von 1947 an, u.a. auf Druck der Amerikaner, will man die kommunistische Partei Italiens von der Macht fernhalten. Die *resistenza* wird nach dem Krieg von nahezu allen politischen Lagern für sich beansprucht. Zahlreiche literarische oder cinematographische Werke schaffen eine kollektive Erinnerung an den Widerstand, vor allem an den Kampf gegen die deutsche Besatzung (BEPPE FENOGLIO, ITALO CALVINO, CARLO CASSOLA und PRIMO LEVI als Literaten sowie ROBERTO ROSSELLINI und DE SICA als Cineasten).

5 Die andere Suche nach Kontinuität: die Rolle der Kirche

Päpstliche Ordnung

Wie im historischen Überblick deutlich wurde, versucht der Heilige Stuhl schon seit der Langobardenherrschaft die Rolle des Garanten für Ordnung auf der Halbinsel zu übernehmen. In der Tat hatte die christliche Kirche sich noch in der Endphase des Römischen Reiches als einzig stabile Macht herausgestellt. In der ökonomisch und demographisch schweren Zeit nach dem Ende des antiken Rom bietet die christliche Kirche der Bevölkerung ein neues Weltbild, neue Ideale und zudem eine relative Verlässlichkeit. Die Macht des Papstes wächst daher mit ausdrücklicher Unterstützung des Volkes. Der Papst als geistliches Oberhaupt und

weltlicher Machthaber übt über Jahrhunderte eine Schlüsselfunktion für Italien aus.
Bis ins 18. Jh. besteht ein relatives Gleichgewicht zwischen Staat und Kirche, auch wenn es wiederholt Versuche gegenseitiger Einflussnahme gibt. Ab dem 18. Jh. dann erteilen einige Herrscher der Kirche zwar Privilegien, unterwerfen sie aber gleichzeitig immer mehr staatlicher Kontrolle. Nachdem sich Papst Pius IX. kurzzeitig am Befreiungskrieg gegen die Österreicher (1848) beteiligt hat, zieht er auf Druck Wiens seine Truppen zurück und beschleunigt damit die Niederlage Piemonts. Damit wird das Papsttum für den neu entstehenden Nationalstaat ein wirkliches Problem, das mit der Eroberung des Kirchenstaates durch die königlichen Truppen 1870 eine zumindest politische Lösung findet.

Faschismus

Unter Mussolini kehrt man zu einem konfessionellen Staatsverständnis zurück (Konkordat von 1929). Trotz seiner sozialrevolutionären Parolen ist Mussolini in diesem Punkt äußerst konservativ. Während andere revolutionäre Denker, wie einige Künstler der Avantgardebewegung *futurismo* (Filippo Tommaso Marinetti 1876–1944), das bleierne Erbe der Kirche und der antiken Bildung zugunsten einer zukunftsorientierten radikal erneuerten Gesellschaft abschütteln wollen, baut der Politiker Mussolini auf die staatsstabilisierende Wirkung der katholischen Kirche. Die enge Verbindung von Kirche und Faschismus führt in der Wahrnehmung der Öffentlichkeit zu einer fast automatischen Gleichsetzung von „Kirche" und „autoritärem Staat" auch nach Kriegsende.

Republik

Während der Republik kommt es nur selten zu offenen Konflikten zwischen Kirche und Staat, wie etwa bei der Legalisierung der Scheidung (1970) und der Abtreibung (1978). Offiziell wird Italien erst mit dem Konkordat von 1984 ein laizistischer Staat.

Literatur

Galli della Loggia 1998, Grimm 2002, Manselli 1988, Sestan 1971, Viglione 1999.

Guelfen – Ghibellinen

Die Namen Guelfen und Ghibellinen entstammen dem Deutschen und beziehen sich auf die beiden Herrscherhäuser, die im 12. Jh. Ansprüche auf den Kaisertitel erhoben. Die Herzöge von Bayern, die oft den Vornamen Welf trugen, bemühten sich um eine Annäherung an den Heiligen Stuhl, während die Hohenstaufen (die Herren von Waiblingen, woraus sich *ghibellini* bildete) die weltliche Macht des Papstes infrage stellten. Ab dem 13. Jh. wurden diese Bezeichnungen dann in Italien gleichbedeutend mit zwei politischen Parteien (*guelfi* = Papstanhänger; *ghibellini* = Kaisertreue). Während sich die Begriffe in anderen Staaten nicht halten konnten, bezeichnen sie in Italien noch heute zwei ganz unterschiedliche Ideologien.

Gegenreformation

Unter Gegenreformation versteht man die Bemühungen der katholischen Kirche, auf die Herausforderung und Kritik durch den Protestantismus zu reagieren. Luther (1517), Heinrich VIII. von England (1534) und Calvin (1536) hatten den Papst angegriffen, seine Autorität infrage gestellt und sich von der katholischen Kirche losgesagt. Im Konzil von Trient (1545–1563) versuchte das Papsttum, durch interne Reformen (Rückkehr zur Glaubensstrenge), durch Unterdrückung abtrünniger Glaubensformen (Errichtung einer Inquisitionsbehörde 1542) sowie durch ein Verbot häretischer Schriften (der sog. Index) die Verbreitung des Protestantismus zu stoppen. Für Italien bedeutete die Gegenreformation den Beginn einer Epoche geistiger und wissenschaftlicher Unterdrückung. Der 1534 gegründete Jesuitenorden gewann in ganz Europa erheblichen Einfluss. Zur Stärkung des katholischen Glaubens und zur Abwehr der evangelischen Kirchen gründeten die Jesuiten zahlreiche Bildungsanstalten, wodurch sie bis ins 18. Jh. die geistigen Eliten Italiens und Europas prägten.

3 KAPITEL Innenansichten und Außenansichten – Selbstbilder und Fremdbilder Italiens

1 Was sind Stereotype?

Definition

Im allgemeinsprachlichen Gebrauch haftet dem Wort *Stereotyp* etwas Negatives an. Im Deutschen wird es oft gleichbedeutend mit *Vorurteil* oder *Klischee* verwendet. Es gilt als verwerflich, Stereotype über andere Gruppen und ganz besonders über andere Nationen zu äußern. Bei der selbstverständlich löblichen Bemühung, vorschnelle Urteile über fremde Kulturen zu vermeiden und durch differenzierte Kenntnis zu ersetzen, wird oft übersehen, dass wir ohne Stereotypbildung nicht auskommen. In einem wertneutralen Sinn sind Stereotype zunächst nichts anderes als gruppierende und schematisierende Wahrnehmungen, die wir zur Verarbeitung der Informationsfülle, der wir ausgesetzt sind, benötigen. Stereotype sind „mental images" (Lippmann), fiktive Bilder in den Köpfen, die komplexe Einzelfälle auf eine geringe Anzahl von Gemeinsamkeiten reduzieren. Sie können dabei positive, negative oder wertneutrale Eigenschaften einer Gruppe (z. B. äußere Attribute) in den Vordergrund stellen. Aus kulturwissenschaftlicher Perspektive ist wichtig zu erkennen, dass solche Stereotype für die Konstitution eines Kollektivs eine wichtige Rolle spielen. Der Zusammenhalt einer Gruppe (ihre Identität) hängt auch davon ab, dass sie Bilder von sich selbst und damit auch von allem, was sie selbst nicht ist, ausarbeitet. Hieraus ergibt sich die Bedeutung, die Selbst- und Fremdbild bei der Ausbildung von Nationalkulturen zukommt.

Autostereotyp

Unter Autostereotyp versteht man ein Bild, das eine Gruppe von sich selbst hat. Solche Selbstbilder können bewusst sein, müssen es aber nicht. Sie können als Analogiebildung funktionieren („wir sind so wie … ") oder als negative Abgrenzung („auf keinen Fall so wie … "). Oft zeigt die Analyse, dass die Selbstbilder in engem Bezug zu Fremdbildern stehen – sei es, dass sie sich entsprechen oder aber kontrastiv zueinander verhalten. Autostereotypen sind für so große Gruppen wie Nationen unabdingbar, und jede Nation vermittelt durch die Erziehung und auch durch sprachliche Traditionen eine gewisse Menge an Selbstbildern, wobei natürlich jedem Individuum unbenommen ist, sie zu kritisieren oder für unberechtigte Vereinfachungen zu halten; existieren tun sie trotzdem.

Das Fremdbild verhält sich oft komplementär zum Selbstbild. Logisch gesehen gibt es in dem Moment ein Fremdbild, wo ein Selbstbild formuliert wird. Für die Analyse von Kulturen (und für den Kulturvergleich) ist die Erkenntnis zentral, dass eine Aussage über eine fremde Kultur stets vor dem Hintergrund der Selbstbilder zu sehen ist, die eine Kultur hat. Jede Aussage über andere schließt eine Aussage über sich selbst ein. Daher sind weder Selbstbilder noch Fremdbilder objektive Erkenntnisse, sondern bilden immer nur eine kleine Schnittmenge von notwendig beschränkten Wahrnehmungsperspektiven.

Hetero-stereotyp

Die Problematik von Auto- und Hetereostereotyp gilt in besonderem Maße für Nationalkulturen. Das hängt damit zusammen, dass sich die heutigen Nationen (Europas) als solche sehr stark über Selbst- und Fremdbilder ausgebildet haben. Seit der Erfindung des Buchdrucks und mit allmählicher Entwicklung der heutigen Nationalsprachen kann man eine stark typisierende Wahrnehmung der verschiedenen Völker Europas nachweisen. Das Eigene, das oft zunächst als kulturelle und erst später als staatliche Einheit gedacht wird, bekommt seine Eigenheit (Identität) in Abgrenzung zu den anderen bekannten Nationen zugewiesen. Kulturell definierte Selbstbilder in Abgrenzung zu Fremdbildern sind die Voraussetzung dafür, dass *Nation* als kulturelle Einheit überhaupt gedacht und ausformuliert werden kann. Ab dem 16. Jh. sind bereits recht stark entwickelte Stereotype der wichtigsten Kulturnationen überliefert. Später dann, ab dem 19. Jh., wird die Diskussion um vermeintliche Nationalcharaktere zu einem zentralen Element für politische Standortbestimmungen (im Falle Italiens konnten wir sehen, dass gewisse Autostereotype in der Einigungsbewegung des *risorgimento* große Bedeutung hatten). Bis heute gilt die Feststellung, dass wir alle einen ganzen Katalog von Stereotypen über unsere eigene und fremde Kulturen mit uns herumtragen. Es ist wenig sinnvoll, solche Fremd- und Selbstbilder zu verdrängen und zu negieren, da wir sie, wie gesagt, zur Ordnung von Wahrnehmung brauchen. Andererseits ist richtig, dass Stereotype historisch gewachsen und damit veränderbar sind – auch wenn eine solche Veränderung nur langsam zu vollziehen ist. Wem an der Ausdifferenzierung und damit Auflockerung von (leider oft negativen) Fremdstereotypen gelegen ist, der sollte sich mit ihnen, mit ihrer Entstehung und ihrem Wandel bewusst beschäftigen, anstatt sie nur naserümpfend als Fehlurteile beiseite zu schieben.

Nationale Bilder

2 Italienische Selbstansichten

Was ist italienisch?

Der Begriff der *italianità* ist eine Erfindung des 19. Jhs.; aber die Suche nach Eigenschaften und Werten, welche die Einwohner der Appeninenhalbinsel als kollektiv verbindlich und identitätsstiftend ansehen, beginnt mit dem Ende des Römischen Reiches. Wie der kurze historische Rückblick gezeigt hat, ist das Bewusstsein, als Erben Roms einen besonderen Anspruch an Zivilisation und Kultiviertheit zu haben, nie erloschen. Von Anfang an wird zwischen den Einwanderern aus dem Norden und der eigenen Kultur ein Unterschied postuliert, der den germanischen Völkern die Rolle der starken, mächtigen aber unzivilisierten Kultur zuweist. An der Ausbildung eines italienischen Selbstbildes kann man exemplarisch beobachten, wie sehr das Eigene (Lateinische, Italienische) in diametraler Abgrenzung vom Anderen (Deutschen, Germanischen, Barbarischen) ausformuliert wird. Vergleiche mit den westlichen Nachbarnationen (Frankreich, Spanien) spielen hingegen anfangs eine untergeordnete Rolle.

Die Rolle der Literatur

Italien bleibt jahrhundertelang fremdbeherrscht. Die Rede von einer Einheit namens *Italien* ist zunächst keine politische Rede, sondern findet im Bereich der Sprache und Literatur statt. In dem Maße, wie eine neue, nicht mehr lateinische Sprache fähig wird, als Kunstsprache in die Fußstapfen der vergangenen Größe Roms zu treten, kann eine neue Einheit kulturell gedacht werden. Italien erreicht früher als irgendein anderes europäisches Land einen Grad an literarischer Kultur, der mit der Antike vergleichbar ist. Die drei großen nationalen Klassiker (*tre corone*, DANTE ALIGHIERI, FRANCESCO PETRARCA und GIOVANNI BOCCACCIO) werden zu Zeugen einer neu entstandenen Literatur. Für Jahrhunderte wird Italien in literarischer Hinsicht vorbildlich. Nach innen wird die gemeinsame (Kunst)Sprache zum Ersatz für die fehlende politische Einheit und Freiheit. Es ist nicht übertrieben zu behaupten, dass die politische Einheit, der Einheitsgedanke ohne die bewusste und geduldige Schaffung einer gemeinsamen Kultursprache nie hätte Wirklichkeit werden können. Nicht zufällig finden auch die heftigsten Diskussionen um italienische Identität, um das Schicksal Italiens in literarischen Texten statt. Von DANTE angefangen über PETRARCA (die berühmte *canzone* „Italia mia") bis hin zu den modernen Klassikern UGO FOSCOLO (1778–1827) und GIACOMO LEOPARDI (1798–1837) ist die Frage nach Italien eine kulturelle Frage, nicht eine rein politische (Hausmann 2000).

Elemente des Selbstbilds

Betrachtet man die (oft literarische) Debatte über die Jahrhunderte, so ist ein steter Bezugspunkt der Diskussionen um Italien das römische Weltreich. Nicht dass es als imperialistischer

Anspruch auf Weltherrschaft neu belebt werden sollte (dies geschah erst während des Kolonialismus und dann vor allem während des faschistischen Regimes), aber als humanistisch interpretiertes Erbe ist es bleibende Verpflichtung. Bisweilen wird der Wunsch nach größerer politischer Unabhängigkeit in sehr männliche Metaphorik gekleidet (Wiedererstarken, Heldentum usw.). Vor allem nach dem kulturellen Erfolg des Humanismus und der Renaissance erhebt Italien zurecht Anspruch auf künstlerische und kulturelle, intellektuelle Führung in der Welt. Der Kontrast zwischen kultureller Bedeutung und politischer Ohmacht wird schmerzhaft empfunden und führt zu einem bis in die jüngere Vergangenheit nachwirkenden janusköpfigen Selbstbild: Italien als Einheit, die (kulturell) zu allem fähig, aber trotzdem konkret (politisch) zu wenig in der Lage ist. Der Widerspruch zwischen kulturellem und ethischem Selbstvertrauen und oft harter Selbstkritik prägt auch die jüngsten Diskussionen um eine italienische Identität.

Selbstbild heute

Fragt man nach den wichtigsten Elementen des italienischen Selbstbildes der Nachkriegszeit, so lassen sich einige Punkte festhalten, die immer wieder genannt werden. Der Kampf gegen die Barbarei des Hitlerregimes (*resistenza*) wird, wie bereits gesagt, als konstitutiv empfunden. Hier tauchen Begriffe auf, die es schon in lateinischen Quellen gab: der germanische *furor*, eine gewisse Brutalität, ein Mangel an Menschlichkeit – und dagegen steht das Bild eines Italien, das sich zwar für eine gewisse Zeit verführen lässt, dann aber auf die alten Werte des Humanismus aufbauen kann. Die Feststellung, für die italienische Kultur stehe der Mensch immer im Zentrum, findet sich auch leitmotivisch im Werk vieler Literaten, von Salvatore Quasimodo (1901–1968) bis hin zu Dario Fo (*1926). Mit einem gewissen Stolz wird dieser moralische Wert als Gegengewicht zu einer möglichen technischen Rückständigkeit (der Nachkriegszeit) ins Feld geführt.

Paradox gestaltet sich die immer wieder zu hörende Klage, Italien sei als gesellschaftliches und politisches Gebilde reformunfähig. Diese fast schon rituelle Selbstbezichtigung wird in einem Atemzug mit der Überzeugung geäußert, anderswo als in Italien wolle man auf keinen Fall leben. Der Publizist Giorgio Bocca hat es in sehr eindrucksvolle Worte gekleidet: „Ich würde niemals mein häufig so kümmerliches Italienersein eintauschen gegen die kulturelle und politische Zugehörigkeit zu einem anderen Land, mag es auch noch so angesehen sein. Der wahre Grund: Ich kann nicht verzichten auf diesen Zusammenhang zwischen Alltag und Geschichte, die Reisen zwischen Gegenwart und Vergangenheit, dieses Ensemble von Landschaft, Monumenten, Architektur, Sprache, Gestik, Tönen." (Hausmann 2000).

Ästhetik

Zur Präsenz der jahrtausendealten Geschichte und der Menschlichkeit des alltäglichen Lebens tritt die Ästhetik als kulturelle Qualität. Angefangen bei der Sprache über Kleidung, Gastronomie, das Erscheinungsbild einer Person, Alltagsgegenstände bis hin zur Architektur wird der ästhetischen Qualität sehr hohe Bedeutung beigemessen. Die subjektive Selbstsicherheit, der italienischen Kultur könne in ästhetischen Fragen niemand das Wasser reichen, hat in einigen Sektoren der italienischen Wirtschaft eine quasi objektive Entsprechung (s. S. 121 ff.).

Improvisation

Das jedem Mitglied der deutschen Kultur ein Lächeln auf die Lippen oder Schweißperlen auf die Stirn zaubernde berüchtigte „Chaos" Italiens wird auch von innen als kulturelle Eigenart bzw. Problem empfunden. Allerdings hat sich aufgrund der langen Erfahrung mit unzuverlässigen Verwaltungsstrukturen, mit oft und schnell wechselnden politischen Herrschern eine Fähigkeit im Umgang mit dieser geringen Vorhersehbarkeit ausgebildet, die von außen betrachtet Staunen hervorruft, von innen als Qualität bewusst gepflegt wird: *l'arte dell' arrangiarsi* (Improvisationstalent, familiär: „durchwurschteln"). Auch im privatwirtschaftlichen Bereich wird diese Eigenschaft als positive Managementfähigkeit der italienischen Kultur herausgehoben. Man spricht vom „Businessdesign des alltäglichen Notfalls", der italienische Manager erscheint als Skipper eines Schiffes bei hohem Seegang, der jede Welle neu anpeilen muss und die Brücke nie verlassen darf.

Schicksal

Die geringe Planbarkeit des Lebens in sich schnell verändernden gesellschaftlichen Strukturen erfordert einerseits Improvisationstalent, andererseits führt es zu einem gewissen Fatalismus, zu stoischem Gleichmut. Das enge Zusammenleben mit dem Schicksal, eine Vermischung von Glauben und Aberglauben (nicht nur in den arabisch beeinflussten Regionen), werden in Selbstbeschreibungen der italienischen Kultur immer wieder genannt.

Humor

Der Umgang mit der Widersprüchlichkeit und Unvorhersehbarkeit des Lebens erfordert, so das Selbstbild vieler Italiener, tiefen Humor. In der Tat ist auffällig, wie stark die Präsenz von Komikern und Humoristen auch in den modernen Massenmedien ist. Seit den komischen Figuren der *commedia dell'arte* (Stegreiftheater) gehören Komiker zu den Exportschlagern der italienischen Kultur. Von daher ist es sicher kein Zufall, dass der letzte Nobelpreisträger aus Italien ein Autor (und Schauspieler) vom Profil eines DARIO FO ist. Und der z. Zt. innerhalb und außerhalb Italiens bekannteste Regisseur und Schauspieler ist ROBERTO BENIGNI, erneut ein Vertreter des komischen Registers, an dessen Werk man die Verbindung von Humanismus (der Mensch im Mittelpunkt), Schicksalhaftigkeit des Lebens und Humor als einzig adäquate Welterfahrung auch im organisierten Terror des Konzentrationslagers exemplarisch ablesen kann (*La vita è bella* 1997).

Aktuelle Diskussion

In den 90er Jahren sind in Italien zahlreiche Bücher erschienen, in denen nach dem Standort der italienischen Nation und nach kulturellen Eigenheiten gefragt wird (Bodei 1998, Schiavone 1998, Gambino 1998). Dieses auffällige Interesse erklärt sich sicherlich innenpolitisch durch die Herausbildung der *seconda repubblica*, außenpolitisch durch die fortschreitende Integration Europas. Vergleichsweise junge Nationalstaaten wie Italien stellen sich leichter die Frage nach der Zukunft des Nationalen als ältere Nationen-Staaten wie beispielsweise Frankreich. Ein Staat, für den regionale Einheiten sowohl in politischer als auch kultureller Hinsicht eine historisch viel bedeutendere Rolle spielen als die relativ kurze Zeit der politischen (und viel weniger kulturellen) Einheit, die ja nur seit 140 Jahren besteht, wird sich sicher leichter mit der Idee eines Europas der Regionen anfreunden als andere. In diesem Punkt ist Italien in einer mit Deutschland vergleichbaren Situation. Die Frage nach den Inhalten und nach der Notwendigkeit von national definierten kulturellen Identitäten wird die europäische Diskussion auch in den kommenden Jahren beherrschen.

3 Wechselseitige Außenansichten

1 Deutsche Italienbilder

Anfänge

Das nachantike Italien tritt für die deutsche Kultur in dem Moment in Erscheinung, als seit dem 13., vor allem aber mit PETRARCA seit dem 14. Jh., die italienische Literatur als vorbildhaft empfunden wird. Eine deutsche Kunstsprache soll sich in Auseinandersetzung mit und durch Imitation von italienischen Autoren entwickeln. Mit den literarischen und philosophischen Erfolgen der Renaissance verstärkt sich die Vorbildfunktion der italienischen Sprache und Literatur.

Kunst

Ab dem 16. Jh. tritt die Begeisterung für italienische Architekten, Maler und Bildhauer zur literarischen Modellhaftigkeit hinzu: Italien wird als Land der Ästhetik und Künste wahrgenommen. Eines der bis heute gültigen Stereotype ist also bereits früh ausgeprägt. Parallel hierzu wird in den ersten Enzyklopädien, in denen das gesammelte Wissen um die Länder Europas dargestellt und verbreitet wird, die besondere Schönheit des Landes betont: „Unter denen Scribenten, welche in dero Schrifften Italien gedenken, sind derer wenig, die diese Landschaft nicht als den Garten von ganz Europa vorstellen, und kommen fast alle darin überein, daß es sey das beste und lustbarste Land der Welt. (...) Die Völker dieses Landes sind höflich, subtil und guten Verstandes, entweder durchaus aufrichtig, oder ganz und gar nichts nutz." (Münster 1630)

18. Jh.

Eine neue Phase der Italienbegeisterung entsteht im Zusammenhang mit den Antikestudien, dem Klassizismus. Italien (und vor allem Sizilien) sind in der Wahrnehmung vieler deutscher Intellektueller und Dichter das „zweite Griechenland", ein Ort, an dem man die antike Kultur noch direkt betrachten kann. Zahlreiche Italienreisende suchen also nicht eigentlich die zeitgenössische italienische Kultur, sondern die Antike. Natürlich erhöht sich dadurch auch die Kenntnis des aktuellen Italiens, aber die Wahrnehmung ist vorwiegend auf die Antike gerichtet. Bei WINCKELMANN (s. Infobox S. 54), dem Begründer des Klassizismus und der auf die Antike abzielenden Italienbegeisterung, findet man auch Schlüsselaussagen zur Wirkung des Landes auf die „Seele"; man fühle sich frei, atme auf, man lebe leichter – diese und ähnliche Aussagen finden sich in zahllosen Reiseberichten des 18. und frühen 19. Jhs. Die Italienerfahrung wird somit auch zur Selbsterfahrung. JOHANN WOLFGANG VON GOETHES (1749–1832) berühmte Italienreise ist prominentes Beispiel für ein einerseits wissenschaftliches Interesse an Denkmälern der Antike, und andererseits für eine intensive Fremdheitserfahrung im italienischen Alltag.

Romantik

Mit der Romantik, die bekanntlich die Idee verbreitet hat, nationale Kulturen unterschieden sich wesentlich durch ihnen zugrundeliegende Volkscharaktere, ändert sich das Interesse an Italien. Nicht mehr die Antike, sondern das christliche Italien und damit Rom als Sitz des Papstes prägen nun die Wahrnehmung. Die deutsche Malerschule der Nazarener und zahlreiche Dichter befassen sich mit der Religiosität und Spiritualität des Christentums, das sie besonders intensiv in Italien anzufinden meinen. Aus dieser Epoche stammen die ersten Gründungen von deutschen Wissenschafts- und Kulturinstituten in Rom: das Deutsche Archäologische Institut (1829), dem später das Deutsche Historische Institut (1888), die Biblioteca Hertziana (1912) und schließlich die Villa Massimo (1910–1912) als Ort deutscher Kunst in Rom folgen. Gegenüber dem 18. Jh. konstant bleibt in der Romantik die Auffassung, eine deutsche Seele komme im Süden zu sich selbst, könne dort die Sehnsucht nach einem unbeschwerten Leben (in Opposition zur eigenen schwermütigen Metaphysik) einlösen.
Italien bleibt aus deutscher Perspektive bis tief ins 20. Jh. hinein ein Land, das durch den Kontrast erfahren wird: hier die Moderne und die Entfremdung, dort das naturbelassene Agrarland und die Menschlichkeit.

Politisch gesehen verläuft die langsame Herausbildung der Nationalstaaten in Italien und Deutschland parallel. Dies führt zu einer positiven Besetzung des jeweiligen Fremdbildes, wobei die Abgrenzung von Frankreich eine Rolle spielt. Als die Bündnispartner Preußen und Italien gegen die österreichischen Herrscher und Norditalien kämpfen und sich Italien dabei militärisch als wenig effizienter Partner zeigt, entsteht (unter BISMARCK, 1815–1898) die lange wirksame Legende vom unzuverlässigen Partner – eine Vorstellung, die an protestantisch beeinflusste Negativstereotype des antikatholischen Preußen anknüpfen kann. Gleichzeitig entwickelt sich im späten 19. Jh. im Zuge der verspäteten Industrialisierung Italiens die Vorstellung vom rückständigen Land (aus deutscher Perspektive) und vom fortschrittlichen, beispielhaft modernen Deutschland (aus italienischer Perspektive). Die Begeisterung für das Kulturland Italien (gleich ob Antike oder Christentum) bleibt parallel hierzu erhalten.

19. Jh.

Das sehr negativ besetzte Stereotyp der „verräterischen Italiener" wird durch das Verhalten Italiens im Ersten Weltkrieg noch verstärkt, als die vertraglich zugesicherte Neutralität durch den Kriegseintritt gegen Deutschland verletzt wird. Die Vorstellung, die eigentlich sinnvolle und als Gegengewicht zu Frankreich notwendige Allianz mit Italien (die *Achse*) werde durch die geringe Berechenbarkeit der politischen Führung konterkariert, wirkt auch in der Kooperation zwischen MUSSOLINI und HITLER weiter. Während MUSSOLINIS Regime zunächst vergleichsweise tolerant ist und 20.000 deutsche Exilierte, darunter in der Mehrheit Juden, aufnimmt, wird nach dem Abkommen von 1938 (*Stahlpakt*) der von HITLER ausgehende Druck größer. Misstrauen beherrscht die gegenseitige Wahrnehmung. Als 1943 Italien auf die Seite der Alliierten übertritt, scheinen sich alle Befürchtungen zu bewahrheiten und die deutsche Besatzung (1943–45) wird zu einem der schwärzesten Kapitel deutsch-italienischer Kontakte. Während der nationalsozialistischen Herrschaft ist BENEDETTO CROCE der einzige namhafte Intellektuelle, der an seinem grundsätzlich positiven, auf der deutschen Kultur fußenden Deutschlandbild festhält. Er sieht trotz allem die Chance, nach dem Zusammenbruch an die Traditionen der Goethezeit anzuknüpfen. Interessant ist seine weit verbreitete These, im Unterschied zur deutschen Bevölkerung, die an HITLER und den Rassenwahn mehrheitlich wirklich geglaubt habe, könne man die Einstellung der Italiener eher mit einem „wir tun so, als ob ... " beschreiben. Die 20 Jahre Faschismus erscheinen Croce lediglich als bedauerliche „Klammer" in einer ansonsten jahrtausendelangen humanistischen Tradition.

20. Jh.

Nachkriegszeit

Trotz der großen Schäden, welche die deutsche Besatzung in der Wahrnehmung der deutschen Kultur durch Italien bewirkt hat, entwickeln sich die wechselseitigen Stereotype dynamisch fort. Durch die Migrationen nach dem deutschen Wirtschaftswunder, als Hunderttausende nach Deutschland kommen, wird italienische Kultur für deutsche Bürger unmittelbar erfahrbar. Von schneller Integration kann zunächst keine Rede sein, alte Bilder („Verräter", „unzuverlässig" usw.) werden ergänzt durch neue Ausdrücke wie „Spaghetti", „Itaker" usw. Da die Einwanderer hauptsächlich aus dem Süden und aus einfachen Bildungsschichten stammen, wird Italien vor allem als rückständiges, armes, bäuerliches Land wahrgenommen. Erst mit dem einsetzenden Italientourismus in den 60er Jahren wandelt sich das Bild für das große deutsche Publikum allmählich – sehr allmählich. Die ersten Jahre sind durch sehr geringen direkten Kontakt mit der italienischen Wirklichkeit geprägt. Waren die Reisenden des 18. Jhs. wegen der Tempel gen Süden gezogen, so geht es nun um Sonne, Strand und unkompliziertes Leben. Rimini, um nur ein Beispiel zu nennen, wird zur deutschen Oase, die in fremdem geographischem und klimatischem Kontext die Kontinuität der eigenen Kultur vortäuscht. Erst nach einigen Jahren entwickelt sich dann der Stadttourismus. Aus jenen Jahren stammen die Bilder des FIAT Cinquecento, der Vespa und auch der Mythos der ästhetischen, temperamentvollen Menschen (Männer gleichermaßen wie Frauen). Viele Schlager der 50er Jahre zeugen von diesen Stereotypen (z. B. René Carol: *Rote Rosen, rote Lippen, roter Wein*). Der Massentourismus der 60er und 70er Jahre mit den deutschen Hochburgen an der Adria gehorcht immer noch dem seit dem 18. Jh. vertrauten Modell: Die Qualität des Urlaubslandes ist erst garantiert, wenn es durch (meist oppositionelle) Differenz ausgezeichnet ist. In dem Maße also, wie Italien sich industrialisiert und ökonomisch Erfolg hat, verliert es aus deutscher Perspektive an Reiz. Man fährt ja schließlich nicht nach Italien, um dort den Abklatsch dessen vorzufinden, was man auch zu Hause haben kann und worunter man im Arbeitsalltag leidet.

Toscanafraktion

Durch die für ganz Europa wichtigen politischen Entwicklungen der 70er und 80er Jahre, in denen sich eine neue Ausrichtung der kommunistischen Partei Italiens mit dem Anspruch auf eine Regierungsbeteiligung abzeichnet (*compromesso storico*), wird Italien für die Linke interessant. Das „Modell Italien" verspricht (zumindest vorübergehend) einen denkbaren dritten Weg zwischen Kapitalismus und Kommunismus. Zahlreiche Zeugnisse von linken Politikern und Schriftstellern belegen erneut, dass sich Auseinandersetzungen in Italien meist in humaneren Formen und mit einem Blick für das politisch Mögliche abspielen, während in Deutschland eine gewisse Neigung zum Dogmatismus und zur Hysterie vorherrschen. Diese neue Variante der Italienbegeisterung führt dann auch zu einer besonderen Form von oft wohlhabendem Tourismus, der nicht Sonne und Strand, sondern Kultur, geistige Freiheit und gepflegte Lebensart sucht. Das Wort von der „Toscanafraktion" wird in die deutsche Politik eingeführt und bezeichnet vorwiegend sozialdemokratische oder grüne Politiker mit einer ausgeprägten Vorliebe für italienische Lebensart.

Italienbilder heute

Je nachdem, welche Bevölkerungsschichten man befragt und je nach Situation (Berufliches, Privates) werden die Meinungen über Italien und die Italiener heute sehr unterschiedlich ausfallen. Die lange gewachsenen Stereotype prägen auch heute noch viele Urteile, sogar differenzierte Betrachtungen der italienischen Kultur kommen immer wieder auf einige Punkte zurück. Chaotisch, aber stark in der Improvisation; ästhetisch unübertroffen; liebenswert unzuverlässig – solche Ansichten lassen sich noch heute nachweisen (Polacek 1997). Dies sei an einigen Teilsektoren etwas weiter differenziert.

Das kollektive Bild italienischer Politik ist eindeutig: Italien gilt als politisch unberechenbar und instabil, man pflegt als Beweis die Anzahl der Regierungen (über 50 in 50 Jahren!) ins Feld zu führen. Dabei wird übersehen, wie stabil gleichzeitig die politische Klasse über Jahrzehnte war. Die Methode, politische Mehrheiten zu bilden, und der opportunistisch erscheinende Klientelismus wirken aus deutscher Perspektive, wo stabile Mehrheiten zum Credo der Bundesrepublik gehören, unzuverlässig und undurchsichtig.

Seit Beginn der Industrialisierung gilt Italien aus deutscher Perspektive als wirtschaftlich rückständig. In den vergangenen 20 Jahren hat sich jedoch die Erkenntnis durchgesetzt, dass der Norden stärkere Wachstumsraten hat als die meisten anderen Regionen Europas – allerdings wird dieses anerkennend positive Bild durch die Tatsache konterkariert, dass der Anteil der Schattenwirtschaft unvermindert hoch ist. Der Süden gilt noch immer als rückständig, obwohl regional längst erhebliche Fortschritte (etwa in Apulien oder Sizilien) erreicht worden sind. Stereotype sind gegen sachliche Informationen mittelfristig resistent. Das Finanzgebaren des italienischen Staates galt für lange Zeit (und in geringerem Ausmaß auch heute) als höchst unzuverlässig. Die Zeiten, wo die italienische Inflation und die galoppierende Staatsverschuldung den deutschen Urlaubern zwar billigen Urlaub bescherten, die politische Verlässlichkeit des Landes aber in Zweifel zogen, sind noch nicht vergessen. Als es im Vorfeld des Vertrags von Maastricht darum geht, die harten Kriterien zu erfüllen, traut niemand Italien zu, dies zu leisten. Als schließlich dem Beitritt nichts mehr im Wege steht, haben diejenigen Recht behalten, die der italienischen Politik und Wirtschaft trotz aller Blockaden genug Pragmatismus und Geschick zugetraut haben.

Integration

Im Rückblick auf 30 Jahre Präsenz von hunderttausenden italienischen Staatsbürgern in der deutschen Gesellschaft kann man sagen, dass die Integration der Mitbürger italienischer Herkunft ohne Aufgabe der kulturellen Wurzeln inzwischen gelungen ist. Italienisches prägt unsere Innenstädte, italienische Produkte, vor allem im Bereich der Gastronomie und der Mode, sind selbstverständliche Bestandteile deutschen Alltags geworden. Die Integration des Grußes *ciao* in die deutsche Sprache mag als weiteres Indiz gelten.

Wie selbstverständlich die Präsenz italienischer Alltagskultur in deutschen Städten geworden ist, kann man an dem unaufhaltsamen Siegeszug der italienischen Gastronomie ablesen. Waren es anfangs nur Pizzerien, gehört die gehobene italienische Küche heute gleichfalls zur deutschen Kultur. Immer mehr deutsche Bürger können *ciabatta* richtig aussprechen (anfangs hörte man oft „tschiapatta"), und ein Wochenende ohne *prosecco* ist für manch einen nicht mehr vorstellbar. Dieser Gewöhnungsprozess zeigt beispielhaft, wie Bestandteile einer fremden Kultur in die vertraute integriert werden können, ohne dass hierbei Verlustängste auftreten müssen. Aber die Teilintegration darf nicht darüber hinwegtäuschen, dass auch die „importierten" italienischen Kulturelemente ihrerseits einem Wandel unterliegen, wenn sie sich in einem neuen Umfeld positionieren. Wer also meint, Italien anhand der in der deutschen Alltagskultur angekommenen Teile kennen lernen zu können, der übersieht, dass jeder Integrationsprozess beide beteiligten Partner verändert. Die Italiener der „zweiten Generation", die in einem deutschen Umfeld aufgewachsen sind, treten hier zwar als Italiener auf, erfahren ihrerseits dann aber oft das heutige Italien als etwas ihnen Fremdes. Dass sich die deutschen Italienbilder dank der großartigen Integrationsleistung der vergangenen 30 Jahre (zu der die italienischen Bürger ebenso beigetragen haben wie die deutschen) erheblich ausdifferenziert und verbessert haben, steht indessen ausser Frage.

2 Italienische Deutschlandbilder

Tacitus

Der Verfasser des einflussreichen Buches *Germania* (ca. 98 n. Chr.) hat einige Fremdbilder geprägt, die teils auf eigenen Beobachtungen beruhen, teils sehr deutlich vor dem Hintergrund einer als dekadent erfahrenen römischen Kultur entwickelt wurden. Zu seinem Germanenbild gehört die ungezügelte Kraft und Kriegslust ebenso wie die Vorstellung von ungehobelten Umgangsformen.

Auch Kuriosa wie der angeblich nie zu stillende Durst der Germanen werden schon zu Zeiten der Latinität festgehalten.
Die Vorstellung, die vom Norden auf die Halbinsel eingewanderten Völker seien grundsätzlich anders und d. h. konkret kulturell gegenüber den Erben Roms unterentwickelt, hat zur Ausprägung von Autostereotypen beigetragen. Die germanischen Völker, die bald zusammenfassend als Deutsche bezeichnet werden, erscheinen regelmäßig im Zusammenhang mit Kriegsmetaphorik. In den wenigen Reiseberichten, die bis zum 18. Jh. überliefert sind, überwiegen immer wieder Eindrücke starker kultureller Differenz und eine gewisse kulturelle Überheblichkeit der italienischen Reisenden. In einer Reisebeschreibung des 17. Jh. (Pacichelli: *Memorie dei viaggi per l'Europa christiana*, 1685) heißt es über die deutsche Sprache: „Sie scheint jene zu sein, mit der Gottvater Adam aus dem Paradies vertrieben hat."

Deutsche Kultur

Die Entdeckung des kulturellen Deutschlands erfolgt erst spät, nämlich im 18. Jh. Mit der Romantik dann, und vor allem durch die Rezeption des Epoche machenden Buches *De l'Allemagne* der GERMAINE DE STAËL (s. Infobox S. 54), tritt die große deutsche Kultur der Goethezeit ins Bewusstsein der Italiener. Im späten 19. Jh. erfährt die italienische Kultur erhebliche Einflüsse durch die deutsche Literatur und Philosophie. Gerade im Kontrast zur französischen entdeckt man in der deutschen Kultur viele Aspekte, die sich auf die italienische Situation übertragen lassen, wobei politische Überlegungen immer eine Rolle spielen mögen. Der deutsche Idealismus (GEORG WILHELM FRIEDRICH HEGEL, 1770–1831) hat im Werk bedeutender Philosophen (CROCE) großen Einfluss, die deutsche Universität (WILHELM VON HUMBOLDT, 1767–1835) ist auch für Italien der Inbegriff moderner Wissenschaft und Bildung. Gegen 1900 gewinnt dann auch die österreichische Literatur und Wissenschaft erhebliche Bedeutung, die bis heute andauert. FRIEDRICH NIETZSCHE (1844–1900) und SIGMUND FREUD (1856–1939) sind in den Diskussionen sehr präsent, und die Wiener Moderne erscheint damals vielen als ein intellektuelles Zentrum Europas.

Nachkriegszeit

Die Erfahrung des Ersten Weltkriegs und vor allem die Kollaboration, dann die *resistenza* weiter Teile Italiens während des Faschismus haben das Verhältnis zu Deutschland schwer belastet. Besonders die Besatzungszeit 1943–45 prägt für Generationen die Fremdwahrnehmung. Symbolträchtige Orte wie Marzabotto bei Bologna und die Adreatinischen Höhlen bei Rom halten die Erinnerung an die Greueltaten der SS-Truppen aufrecht. Als der deutsche Bundespräsident Rau im April 2002 die Gedenkstätte in Marzabotto besucht und sich in einer schlichten Zeremonie für die im deutschen Namen von der SS begangenen Morde entschuldigt, wird das von den Angehörigen der Opfer und der Öffentlichkeit mit großer Genugtuung als überfällige Geste begrüßt. Die Tragik jener Jahre wird in einem berühmten, erst 1969 entstandenen Comic zugunsten einer humoristischen Sicht aufgelöst. Die *Sturmtruppen* von Bovi sind allerdings keineswegs eine anti-deutsche Publikation, sondern verbinden die Karikatur des deutschen Besatzungssoldaten mit der Ironisierung des feigen italienischen Soldaten, sind somit anti-militaristisch konzipiert. Für die ältere Generation ist die Präsenz der deutschen Besatzer noch im Bewusstsein, wird aber zunehmend überlagert von vielen anderen, auch ausdrücklich positiven Bildern der Nachkriegszeit.

Modell Deutschland

Spiegelbildlich zur deutschen Vorstellung, Italien sei notwendig ein industriell rückständiges Land, genießt Deutschland seit den 20er Jahren des 20. Jhs. den Ruf, das Modell für einen modernen Staat abzugeben. Nicht allein die großen Städte der USA, sondern auch Berlin gilt als Symbol der Moderne. Zahlreiche Schriftsteller (z. B. Corrado Alvaro) verbreiten das Bild einer deutschen Kultur, die von Maschinen, Technik, Effizienz und gleichzeitiger Unmenschlichkeit geprägt ist. Ähnliche Vorstellungen werden wieder neu aktualisiert, als nach der ersten Verarbeitung der Besatzungszeit und durch die Migration der Gastarbeiter ab den späten 50er Jahren neue Berichte über das Deutschland des Wirtschaftswunders nach Italien kommen. Enzo Biagi, einer der bedeutenden Intellektuellen jener Zeit, schreibt in seinem Buch über *Le mie Germanie* (1964) von der Koexistenz ökonomischer Leistungskraft, industrieller Modernisierung und menschlicher Kälte. Bis in die heutige Zeit bezieht man sich gerne auf deutsche Errungenschaften, vor allem wenn man in Selbstkritik verfällt. Die 5%-Klausel etwa, die dem Parlamentarismus der Bundesrepublik vergleichsweise stabile Mehrheiten beschert hat, wird als Vorbild gerne genannt – aber wenn es dann wirklich zu einer Reform kommen soll, verbittet man sich die „Entwicklungshilfe“ des großen Partners im Norden.

Wiedervereinigung

Das durch den Fall der Mauer wieder vereinte Deutschland löst in der Wahrnehmung der italienischen Politik und Öffentlichkeit alte Bedenken, sogar Ängste wieder aus. Berühmt wurde die Aussage des damaligen Ministerpräsidenten Andreotti, man liebe Deutschland so sehr, dass den Italienern zwei davon lieber seien. In den Medien findet man in den Jahren 1989 und danach häufig eine Metaphorik der „grande Germania“, die an die Vorstellung vom Großdeutschen Reich anknüpft. Mittlerweile hat sich diese Sorge gelegt. Es bleibt eine gespaltene Haltung insofern, als man voller Ehrfurcht auf die Wirtschaftsmacht Deutschland schaut und gleichzeitig argwöhnisch auf Anzeichen achtet, das vereinte Deutschland könne mit seiner großen Macht möglicherweise politisch unklug umgehen. Diese Befürchtung steht in Zusammenhang mit der Überzeugung, dass die deutsche Kultur durch eine Art kollektives Psychogramm geprägt ist, zu dem gewisse Verhaltens- und Arbeitsweisen gehören.

Psychogramm

Mehrere Autoren, die als Deutschlandkenner in den vergangenen Jahren Bücher mit Interpretationen der deutschen Kultur veröffentlicht haben, stimmen in der Auffassung überein, die deutsche Kultur neige zur Übertreibung. Dies könne man z. B. bei den geradezu hysterischen Debatten über die Stationierung der Pershing II, bei der Diskussion um das Waldsterben oder die Atommülltransporte feststellen. Eine gewisse Gelassenheit im Umgang mit den Realitäten des menschlichen Lebens wird vermisst und mit dem in der deutschen Kulturgeschichte verankerten Hang zur systematischen Grundsätzlichkeit verknüpft. Diese Eigenschaft, die in italienischer Perspektive gerne mit Besserwisserei und Sturheit verbunden wird, äußert sich auch in Kleinigkeiten des alltäglichen Lebens, etwa der Verinnerlichung von Normen. Es herrscht der Eindruck vor, in Deutschland handele man gerne aus Prinzip, völlig ungeachtet der Angemessenheit in der jeweiligen Situation. Was im Alltagsleben zu beobachten ist prägt auch die Arbeitsweisen in der Privatwirtschaft und kann, so die Befürchtung aus italienischer Perspektive, auch in der Politik zu unliebsamen Konsequenzen führen.

4 Deutsch-italienische Reibungsverluste

Einflüsse der Stereotype

Zwei Kulturen, die ihre Selbst- und respektiven Fremdbilder in so starkem Bezug aufeinander entwickelt haben wie Italien und Deutschland, haben sich gegenseitig in vielen Punkten beeinflusst und befruchtet. Die Stereotype sind einerseits Ausdruck rekurrenter und tradierter Erfahrungen, andererseits beeinflussen sie die wechselseitige Wahrnehmung in konkreten, auch alltäglichen Situationen. Es gibt einige Gewohnheiten und Verfahrensweisen, die aus der Perspektive des jeweils Anderen merkwürdig oder zumindest auffällig bleiben. Diese differierenden kulturellen Usancen betreffen das Alltagsleben ebenso wie wirtschaftliches oder politisches Handeln. Im Nachfolgenden seien einige dieser immer wieder auftretenden Bereiche genannt, in denen es aufgrund der unterschiedlichen Wahrnehmung zu (unnötigen) Reibungsverlusten auf dem Weg zu gemeinsamen Zielen kommen kann.

Missverständnisse

Man könnte eine ganze Liste von „typischen“ (d. h. oft beobachteten und beschriebenen) Missverständnissen zusammenstellen. Einige Beispiele mögen hier genügen. Viele wohlmeinende Kommentatoren deutscher Kultur (Bolaffi 1995, Ferraris 1988, Giardina 1996) wundern sich über den außerodentlichen Eifer, mit dem in Deutschland die Verkehrsregeln beachtet werden. Das Überqueren einer Fußgängerampel bei Rot erscheint wie eine akute Gefährdung Minderjähriger – unabhängig davon, ob Kinder in der Nähe sind oder die Straße völlig leer ist. Dahinter verbirgt sich ein generelles Problem, das oft beschrieben worden ist: Viele Mitglieder fremder Kulturen nehmen den womöglich ironisch gemeinten Satz „In Deutschland ist alles verboten, was nicht ausdrücklich erlaubt ist“ aufgrund ihrer Erfahrung wörtlich. Das Verhalten gegenüber Regeln kann in der Tat von Kultur zu Kultur differieren. Während, zumindest in der Wahrnehmung von außen, die deutsche Kultur zur Regelobservanz aus Prinzip und innerer Überzeugung neigt, wird in anderen Kulturen (so auch in Italien) jede Norm als das gesehen, was sie ursprünglich ist: eine von Menschen installierte Regel zur sinnvollen Ordnung des Gemeinwesens. Wie stark diese Norm verinnerlicht oder immer wieder neu hinterfragt wird, kann signifikant unterschiedlich sein. Etwas anders formuliert neigt man in Italien dazu, Regeln als Orientierungshilfen zu betrachten, ohne sich deshalb die Freiheit nehmen zu lassen, in jeder einzelnen Situation über Sinn oder Unsinn solcher Regeln neu zu entscheiden. Diese Auffassung führt in einem dominant deutsch geprägten kulturellen Umfeld meist zu (kopfschüttelnder) Heiterkeit.

Umgang mit Schriftlichem

Ähnliches lässt sich beim Umgang mit schriftlichen Dokumenten beobachten. In der deutschen Kultur wirken schriftliche Zeugnisse als etwas Verbindliches, als Dokumente, deren Inhalt lange bedacht und dann als gültig betrachtet wird. Dies gilt für Formulare ebenso wie für Verträge. Anders in Italien. Hier wird natürlich auch dem Dokument Bedeutung beigemessen (wer mit italienischer Bürokratie vertraut ist, kann davon ein Lied singen), aber die Umsetzung in die Wirklichkeit lässt den handelnden Personen noch viel Spielraum. Der Mensch bleibt hinter dem Buchstaben sichtbar, oder andersherum: Der Buchstabe bleibt als Äußerung eines Menschen erkennbar. Strikte Regelobservanz kann es daher nicht geben, und wer meint, nur auf seinen Vertrag pochen zu müssen, um erfolgreich mit italienisch geprägten Partnern zu kooperieren, verkennt diese Differenz im Umgang mit Schriftlichkeit.

Beziehungsorientierung

Aus beiden genannten Bereichen ergibt sich die Bedeutung der persönlichen, individuellen Vertrauensverhältnisse für jede Art der Kooperation. In einer Kultur, die seit Jahrhunderten weniger dem anonymen (fernen) Staat als festen familiären und lokalen Strukturen vertraut hat, kann es nicht verwundern, dass die Verlässlichkeit persönlicher Beziehungen einen hohen Stellenwert einnimmt. Die Pflege dieser persönlichen Ebene ist für jede Form der Kooperation zentral und kann nicht durch eine präzise Funktionsbeschreibung in einem Organigramm ersetzt werden. Es sind Fälle berichtet worden, wo enge Kooperationen im Wirtschaftsbereich daran gescheitert sind, dass die deutsche Seite zu formell auf einen schriftlichen Vertrag gedrängt hat, obwohl zwischen den Entscheidungsträgern auf persönlicher Ebene längst Einigung erzielt worden war – aus Sicht der italienischen Seite war dies ein Beweis von Misstrauen, eine indirekte Geringschätzung des gegebenen Wortes.

Kommunikationsstil

Mit solcher generellen Problematik verbunden ist die Frage der kommunikativen Gewohnheiten. Deutsche gelten als zu direkt: Darin sind sich die allermeisten Kulturen, die engen Kontakt mit Deutschen pflegen, erstaunlich einig. Aus italienischer Perspektive wird zudem immer wieder (seit Jahrhunderten) betont, Angehörige der deutschen Kultur seien nicht humorvoll genug, jedenfalls fehle ihnen eine leichte und spontane Form des Situationshumors. Im alltäglichen Gespräch ebenso wie in offiziellen Situationen wirkt das deutsche Kommunikationsgebaren (trotz aller individuellen Unterschiede) oft schwerfällig und pedantisch. Diese Wahrnehmung, die von deutscher Seite aus durch das spiegelbildliche Stereotyp „reden viel ohne je etwas Konkretes zu sagen" ergänzt wird, kann auch auf die historisch gegebene Bevormundung Italiens aus einer deutschen (österreichischen) Machtposition heraus zurückgeführt werden.
Kontrastiv kann man sagen, dass der deutsche Kommunikationsstil zur direkten Aussage neigt, der italienische hingegen eher zur indirekten. Dieser Unterschied kann bis in den Gebrauch kleiner Alltagsfloskeln hinein beobachtet werden: Das Wörtchen „nein" wird auf der einen Seite als solches gemeint und nicht als Aggression empfunden, auf der anderen Seite wirkt ein direktes „nein" geradezu als Angriff und ein „vielleicht" hingegen als angemessenere Form, „nein" zu sagen. Generell fällt auf, dass es Mitgliedern der italienischen Kultur nicht leicht fällt, in Gruppengesprächen direkte Kritik zu äußern.

Literatur

Bodei 1998, Bolaffi 1995, Ferraris 1988, Gambino 1998, Giardina 1996, Grimm 2002, Hausmann 2000, Lange 2000, Polacek 1997, Schiavone 1998, Tommasi/Ugolini 2002.

Germaine Necker de Staël (1766–1817)
hat die Wahrnehmung der deutschen Kultur durch die romanischen Kulturen maßgeblich beeinflusst. Ihr 1810 erschienenes Werk *De l'Allemagne* (*Über Deutschland*) eröffnete zum ersten Mal systematisch den Blick auf eine Literatur- und Kunstszene, die sich durch Inhalte, Formen und Stile von der ansonsten dominanten klassizistischen Kultur französischer Prägung unterschied. Die deutschsprachigen Länder wurden plötzlich als Kulturraum wahrnehmbar und weckten das Interesse der traditionellen Kulturnationen – zu denen natürlich Italien gehört. Das Buch wurde in allen europäischen Ländern bekannt. Somit gelangte das Bild der philosophisch interessanten, tiefsinnigen und (anders als die französische) nicht oberflächlichen Literatur schnell nach Italien. Die implizite Kritik an der französischen Dominanz kam nach den antinapoleonischen Befreiungsbewegungen in ganz Europa den fortschrittlichen jungen Literaten und Intellektuellen entgegen, die sich von der französischen Vorherrschaft befreien und neue künstlerische Wege einschlagen wollten. Seit Mme de Staël sind bestimmte positive Stereotype (kunst- und musikliebend, gebildet, tiefsinnig usw.) fester Bestandteil der Außenansicht deutscher Kultur.

Johann Joachim Winckelmann (1717–1768)
ist für die Neuentdeckung der antiken Kultur von entscheidender Bedeutung. Sein Interesse für die griechische Kunst führte ihn 1755 nach Rom, wo er lange Jahre als unabhängiger Gelehrter lebte. Bald genoss Winckelmann in Italien in Gelehrtenkreisen einen ausgezeichneten Ruf. Im Zentrum seiner Interessen stand der Versuch, die ästhetischen Ideale der griechischen Klassik in Abgrenzung von der zeitgenössischen Barockkunst nachzuvollziehen und für die eigene Zeit fruchtbar zu machen. Sein Hauptwerk ist die *Geschichte der Kunst des Alterthums* (Dresden 1764). Auch wenn man hauptsächlich die griechische Kunst untersuchte, war der ideale Standort dieser Antikebegeisterung Italien; sowohl Rom als auch Neapel oder Sizilien. Mit Winckelmann wird Italien für all jene Literaten und Historiker interessant, die sich mit der Antike auseinandersetzen. Die deutsche Italiensicht konzentrierte sich für lange Zeit auf diesen Aspekt der Kultur auf der Halbinsel, wohingegen die jüngere kulturelle Wirklichkeit nur wenig Aufmerksamkeit fand. Dies änderte sich erst mit der romantischen Sicht der mediterranen Kultur.

4

KAPITEL **Die politische Kultur Italiens**

1 Grundlagen des Nationalstaats

Königreich Italien

Die Gründung des nationalen Einheitsstaats Italien beendet einen langen, mühsamen und vielseitigen politischen Prozess, der im wesentlichen von der Führungselite gewollt und gefördert wurde. Als am 17. März 1861 das Königreich Italien ausgerufen wird, gilt es, die ökonomisch, sozial und kulturell sehr unterschiedlichen Regionen und Schichten des Landes einander bekannt zu machen. Dabei treffen zwei fast konträre Konzeptionen von Staat und Monarchie aufeinander: die Tradition des Hauses Savoyen (Piemont) und die der süditalienischen Königreiche. Diese beiden Traditionen unterscheiden sich vor allem im Hinblick auf die Haltung gegenüber Modernisierungsprozessen und müssen nun doch gemeinsam die Bildung eines nationalen Königreichs gestalten. Das Königreich Savoyen, das stark von Frankreich beeinflusst war, bemüht sich um eine gemäßigt liberale Politik und versucht, sich aus dem schwelenden Streit zwischen katholischen und laizistischen Kräften möglichst herauszuhalten. Die Bourbonen sind hingegen einer konservativen Politik verpflichtet und haben Modernisierungstendenzen der Gesellschaft stets abgelehnt. Die Unterstützung durch das Papsttum ist so stark, dass *Monarchist* und *papsttreuer Katholik* im Süden zu Synonymen geworden sind. Diese beiden Traditionen, die vorwiegend von Intellektuellen der verschiedenen kulturellen Zentren verkörpert wurden, mussten nun in das neue, geeinte Staatswesen integriert werden.

Laizisten

In philosophischer Hinsicht kann man zwei Lager unterscheiden, die wiederum in Untergruppen zerfallen. Auf der einen Seite gibt es laizistische Kräfte, die den Einfluss der Kirche auf das Staatswesen gering halten möchten. Zu dieser Gruppe gehören jene Philosophen und Staatstheoretiker, die sich auf die Werke des deutschen idealistischen Philosophen HEGEL berufen. In Italien sind die Hegelianer vor allem im Süden (Neapel) stark vertreten. Sie kämpfen gegen die rückständige Agrargesellschaft und die noch weitgehend feudale, auf einer Oligarchie beruhende Herrschaftsform der Bourbonen. In diesem Sinne sind sie fortschrittlich und befördern eine laizistische Kultur. Gleichzeitig unterstützen sie die monarchische Linie des Hauses Savoyen und binden sich somit an eine nur sehr moderat liberale Konzeption der nationalen Monarchie. In den 50er und 60er Jahren des 19. Jhs. gehen zahlreiche Intellektuelle von Neapel in die Region Piemont und tragen damit zur Ausbildung einer Verwaltungsschicht des neuen geeinten Italiens bei.

Die zweite Gruppe, die zu den laizistischen Kräften gehört, sind die Positivisten. Im Unterschied zu dem idealistischen Denken des 19. Jhs. vertrauen die Positivisten allein auf die messbaren Daten der Erfahrung. In Italien bildet sich zwischen 1870 und 1900 eine positivistisch inspirierte Partei heraus, die auf eine demokratische, an den faktischen Notwendigkeiten der Bürger ausgerichtete Gesellschaft abzielt. Positivismus und die ersten sozialistischen Konzepte einer demokratischen Gesellschaft gehören zusammen. Die Positivisten zielen auf die Emanzipation jener Teile der Gesellschaft, die unter den Modernisierungsphänomenen am meisten zu leiden haben.

Varianten

Trotz der gemeinsamen Ausrichtung auf Moderne und Laizismus können tiefgreifende Differenzen zwischen den Hegelianern und den Positivisten festgehalten werden. Theoretisch (Vernunft *versus* Praxis) liegen die beiden Schulen ebenso weit auseinander wie ideologisch (Reformen von oben *versus* Revolution von unten). Sie zielen zudem auf verschiedene soziale Schichten: Die Hegelianer orientieren sich an den fortschrittlichen Kräften des Bürgertums und des Adels, während die Positivisten auf die soziale Realität der niedrigsten Klassen abheben. Auch ihr Verständnis des Laizismus ist nicht deckungsgleich: Die Hegelianer reden einer Emanzipation des Staats von der Kirche das Wort (a-konfessionell), während die Positivisten eine anti-religiöse (anti-konfessionelle) Haltung, die sich dem Materialismus annähert, einnehmen.

Katholiken

Neben den Laizisten etabliert sich seit der Romantik eine spiritualistische Tradition, die (abgesehen von einigen eher laizistischen Vertretern wie Giuseppe Mazzini, 1805–1872) zu großen Teilen sehr konfessionell katholisch ausgerichtet ist. Es entbrennt eine intensive Diskussion um die italienische Identität und die richtige Interpretation der nationalen Einheit. Die katholische Linie wird vorwiegend von Priestern und kirchlichen Würdenträgern gestaltet, aber auch von Intellektuellen wie Antonio Rosmini (1797–1855) und Alessandro Manzoni (1785–1873) unterstützt.

Die Negierung der Volkssouveränität und eines revolutionären Politikverständnisses machen die katholischen Spiritualisten zu Gegnern der Aufklärung und der Fortschrittsideologie. Ihrer Ansicht nach sind Lutheranismus und philosophischer Rationalismus Schuld am Verlust objektiv und absolut gültiger Werte. Staat und Kirche haben nach Auffassung der religiösen Kräfte dafür zu sorgen, dass moralische Werte als absolut gesetzt und entsprechend verteidigt werden. Diese ideologische Ausrichtung findet sich später in den verschiedenen Flügeln der katholischen Parteien, in eher reaktionärer oder auch eher liberaler Ausprägung.

Diese grundlegende Opposition von eher klerikalen und tendenziell laizistischen Kräften in der italienischen Gesellschaft findet sich auch im Nachkriegsitalien wieder, das sich nach dem Zusammenbruch des faschistischen Regimes als Demokratie und Republik zu etablieren bemüht. Die beiden Blöcke um die *Democrazia Cristiana* (DC) und den *Partito Comunista Italiano* (PCI), die ab 1945 die beiden dominierenden und auch prozentual stärksten Parteien sind, prägen die politische Landschaft bis zum Zusammenbruch des alten Machtgefüges 1992. Seitdem ist die binäre Opposition *rechts – links* nicht mehr gültig: Berlusconis Massenpartei *Forza Italia* beansprucht die politische Mitte, Bossis *Lega Nord* kann kaum einem Lager zugerechnet werden und die ehemalige Linke sucht seit Jahren eine klare politische Linie.

DC-PCI

2 Politische Abläufe: Aktualität in historischer Perspektive

1 Paradoxe Grundstrukturen

Der italienische Staat legt sich als neue administrative Struktur über eine vielseitige und in sich widersprüchliche, historisch gewachsene politische Realität. Der Einheitsstaat muss mit den unterschiedlichen Interessen und Gegebenheiten umgehen lernen und entwickelt daher eine ausgeprägte Tendenz zum Kompromiss, die das politische Leben des vereinten Italiens bis heute prägt. Schematisch kann man die Ausgangssituation folgendermaßen beschreiben:

- der Staat drängt entgegen der lokalen Mentalitäten auf Zentralisierung,
- der Staat gründet sich auf völlig unterschiedliche ethische und kulturelle Traditionen,
- der Staat ist in sich heterogen und fußt auf einer Sozialstruktur, die als individualistisch, familienzentriert, partikularistisch und lokalistisch bezeichnet werden kann.

Widersprüche

Diese paradoxen Strukturen beeinflussen natürlich das politische Handeln, das auf eine Vermittlung zwischen den realen sozialen Gegebenheiten und den vom neuen Einheitsstaat entworfenen Idealen abzielen muss. Dieser Dualismus von Idealismus und Realitätssinn hinterlässt auch in der heutigen republikanischen Verfassung Spuren, in der man einen Mittelweg zwischen der Bemühung um systematische Organisation und der Bewahrung einer möglichst großen individuellen Freiheit sucht. Die Diskrepanz zwischen realer und politisch erzwungener Struktur bricht immer wieder einmal in entscheidenden politischen Situationen

Idealismus – Realismus

auf und führt zu völligem Unverständnis in der Außenperspektive. Während man im Ausland *italienische Politik* mit *Instabilität* gleichsetzt, verbindet sich innerhalb Italiens die Vorstellung von Politik viel eher mit dem Bild der Stagnation. Für die italienischen Bürger ist die scheinbare politische Dynamik nur eine Oberflächenerscheinung, die von der eigentlichen Stabilität in den Arrangements unterschiedlicher Interessengemeinschaften ablenken soll. Ein Blick auf die politischen Fakten der italienischen Republik von 1946 bis 1992 (s. Infobox S. 70), als erste Umschichtungen in der Parteienlandschaft stattfinden, zeigt, dass die italienische Selbsteinschätzung nicht falsch ist: Die *Democrazia Cristiana* (DC) ist über Jahrzehnte Regierungspartei, und auf der anderen Seite steht ein ebenso stabiler Block der Opposition mit dem *Partito Comunista Italiano* (PCI). Die Stabilität zeigt sich bis in die Führungsriege der wichtigsten Politiker, von denen einige über 40 Jahre (!) höchste Ämter innehaben.

Systematik der Krise

Die Methode, mit der diese politische Konstellation für so lange Zeit stabil gehalten wurde, ist die inszenierte Regierungskrise. Mit *crisi* ist hier ein Verfahren bezeichnet, das der Überwindung von Konflikten und der Verhinderung wirklicher Krisen dient und eben gerade nicht als destabilisierender Faktor zu sehen ist. Mit dem Verfahren der Regierungskrise werden in Italien sich abzeichnende Konflikte suspendiert, die eine Bedrohung des demokratischen Systems darstellen könnten. In diesem Sinne dienen die Regierungskrisen dazu, harte Kurswechsel zu vermeiden, in den entscheidenden politischen Fragen des jeweiligen Moments Zeit verstreichen zu lassen und den Repräsentanten der verschiedenen Parteien Gelegenheit zu geben, neue Absprachen auszuhandeln. Die *crisi di governo* wird von Italienern daher nicht als Gefährdung, sondern als Stabilisierung des Systems empfunden – das genaue Gegenteil gilt indessen für die Wahrnehmung durch das Ausland.

Die historischen Ursachen für diese Politik des dauernden instabilen Gleichgewichts liegen, das sei hier noch einmal betont, in der von außen aufgezwungenen Modernisierung des Staates. Dabei bekommt, wie viele Historiker es darstellen, die Politik ein Übergewicht über die historisch gewachsenen Strukturen der Gesellschaft. Die von oben vorgegebene Einheit war und ist nur schwer mit einer auf Familie und lokaler Identität beruhenden Gesellschaft zu vereinbaren: Die gerade in den letzten Jahren starken Tendenzen hin zu einer föderalistischen Ordnung, ja Aufteilung des Landes zeigen es. Das spannungsreiche Verhältnis zwischen politischer Rahmenstruktur und historisch gewachsenen Realitäten führt zu Eigenheiten der italienischen politischen Kultur, die im Folgenden dargestellt werden.

2 Moderatismus als goldener Mittelweg

moderatismo

Im Moment der politischen Einigung Italiens gilt es also, mindestens drei unterschiedliche Tendenzen zusammenzuführen: eine katholisch-liberale, eine ebenso liberale, allerdings laizistisch und antiklerikale Gruppe, sowie eine linke Bewegung, die sich ihrerseits in sozialistische, kommunistische und sozialdemokratische Flügel aufteilt (Brütting, S. 245). Der kleinste gemeinsame Nenner solch unterschiedlicher Traditionen ist ein gemäßigter Liberalismus, der aus einer laizistischen (und damit fortschrittlichen), aber noch feudalen (hierarchischen) und monarchischen Kultur hervorgeht. Diese gemäßigte Ausrichtung hat auch für die Rolle der Kirche und des Glaubens Konsequenzen. Der liberale Laizismus mischt sich in konfessionelle Fragen nicht ein, ohne selbst atheistisch zu sein. Daraus ergeben sich in Glaubensfragen individuelle Entscheidungsfreiheiten. Den Gründungsvätern des geeinten Italiens schien es ohnehin evident, dass große Teile der Bevölkerung mit dem katholischen Glauben so eng verbunden waren, dass eine atheistische Orientierung der Monarchie erfolglos geblieben wäre. Ebenso klar war den Verantwortungsträgern, dass man ohne die Unterstützung der oligarchischen Führungsschicht aus Adel und Bürgertum, die das *risorgimento* maßgeblich getragen hatte, nicht würde auskommen können. Der Moderatismus, mit dem Toleranz, Vermittlung zwischen Interessen, Kompromiss, Demokratie und politische Vorsicht assoziiert werden, wird somit zum prägenden Charakter der italienischen Politik. Bei der Gründung des Nationalstaats dient der Moderatismus dazu, die Macht Weniger vor der (gefürchteten) Macht Aller zu schützen. In Zeiten der Republik soll diese Doktrin die Stärkung extremistischer Parteien behindern. Zudem kommt der Moderatismus einer grundlegenden Tendenz der italienischen Kultur entgegen, nämlich der Skepsis gegenüber jeder Art von staatlicher Machtausübung. Hinzu kommt das antike Erbe der *misura*, der *goldenen Mitte* zwischen den Extremen. Die grundsätzlich gemäßigte politische Steuerung vermag am besten die individuelle Freiheit in jedweder politischen Konstellation zu garantieren.

3 Zentralismus und Regionalismus

campanilismo

Die Bindung an einen Ort geht in Italien weit über einen sonst üblichen Regionalismus hinaus, weshalb oft von *campanilismo* (Liebe zum örtlichen Kirchturm) die Rede ist, von einer übertriebenen Liebe zum Geburtsort. Für lange Zeit hatten die politischen Strukturen auf der italienischen Halbinsel tatsächlich eher einen urbanen Polyzentrismus, die Ausbildung zahlreicher Zentren gefördert. Das geeinte Italien versuchte trotzdem, den Gedanken eines starken zentralistischen Staates umzusetzen, obwohl allgemein bewusst war, dass es in Italien ein wirklich von allen akzeptiertes geografisches oder politisches Zentrum nicht gab, und dass zudem sehr unterschiedliche, im Volk tief verwurzelte Kulturen zusammenkamen.

Koexistenz von Zentrum und Peripherie

Die Frage ist nun, wie sich eine tendenziell zentralistische Staatsgewalt, die sich gerade erst in einem Einigungsprozess befindet, mit einer solchen Sozialstruktur arrangieren kann. Das Ergebnis ist eine in sich widersprüchliche Wirklichkeit, in welcher der politisch starke Einheitsstaat (zunächst als Monarchie, dann als Republik) oft nur eine symbolische Funktion hat und als Garant für die Einheit des Landes gilt. Die politische, privilegierte Klasse hatte kein wirkliches Interesse an einer Homogenisierung des Staates, da sie ihres Einflusses verlustig zu gehen fürchtete. Das Volk andererseits wurde durch die Kirche von politischer Aktivität abgehalten und hatte ohnehin Schwierigkeiten, sich mit einer Regierung zu identifizieren, die noch sehr unsicher, weil in der Phase der Selbstfindung war. So verwundert es nicht, dass sich in einer solchen Situation nur schwerlich ein Typus des politisch aktiven Bürgers ausbilden konnte, der sich den neuen Institutionen wirklich verbunden gefühlt hätte, zumal diese meistens geografisch und kulturell zu weit von der Wirklichkeit des lokalen Lebens entfernt waren. Die alten, lokalen Autoritäten waren hingegen sehr viel näher und zugänglicher, so dass sie sich für die Bürger als bessere und effizientere Ansprechpartner erwiesen.
Dieser Zustand prägt auch die Entwicklung der Republik nach dem Zweiten Weltkrieg. Vergeblich wird versucht, die lokalistische Mentalität in ein nationales Staatsbewusstsein zu verwandeln, und seit 1992 (mit dem Beginn der sog. Zweiten Republik) setzen sich ernsthafte Bemühungen um zunehmenden Föderalismus in der italienischen Politik durch. Entgegen dieser Realität wird der italienische Staat in der Außenperspektive als sehr gegenwärtig wahrgenommen. Man meint, Italien sei in einem hohen Maße von staatlichen Institutionen und Maßnahmen geprägt. Für dieses (nicht zutreffende) Bild ist auch der übermäßig ausgebaute soziale Versorgungsapparat verantwortlich, der mit seinem großzügigen System von frühen Renten und automatischer Lohnanpassung einen starken Staat suggeriert.

Schwächen des Systems

Für die Italiener hat der Nationalstaat einen wesentlichen Makel: Das staatliche Gesetz steht dauernd im Verdacht, mehr auf privilegierte politische oder familiäre Interessengemeinschaften zu achten als auf die Gleichheit von Rechten und Pflichten für alle Bürger. In der praktischen Politik wirkt sich der Staat so vor allem auf lokaler Ebene aus, wo es (wie in den historisch gewachsenen

Strukturen) darum geht, Wählergruppen durch besondere Begünstigungen an sich zu binden.

4 Klientelismus

Der Begriff

In der Sozialanthropologie versteht man unter Klientelismus ein Verhältnis zwischen zwei Personen, das als Tauschbeziehung funktioniert. Es gibt verschiedene Möglichkeiten, das Phänomen zu betrachten und zu analysieren:

a) im Hinblick auf seinen gesellschaftlich kommunikativen Wert, der eine auf Familie und Lokalismus fußende Sozialstruktur abbildet,
b) als Bestechungspraxis in Politik und Verwaltung, die darauf abzielt, der eigenen Wählerschaft unmittelbare Vorteile zu verschaffen oder
c) als kriminelles Verhalten in mafiösen Strukturen.

Man muss sich ein klientelistisches Verhältnis als Beziehung zwischen zwei Personen unterschiedlicher sozialer Herkunft vorstellen, die eine Tauschbeziehung aufbauen, in der die eine Seite dem sogenannten Klienten einen besonderen Vorteil (*favore*, eigentlich: Gunst) anbietet. Da dieser nicht in der Lage ist, diese Gunst angemessen zurückzuzahlen, nimmt er auf Dauer die Rolle des Schuldners gegenüber seinem „Wohltäter" ein. Dieses Verhältnis wird durch die Herstellung einer ganz formalen Freundschaft (*amicizia*) besiegelt.
Das System des Klientelismus wirkt horizontal und vertikal. Der *padrone* übernimmt seine Rolle gegenüber zahlreichen Klienten (horizontale Ausbreitung) und wird seinerseits zum Klienten gegenüber sozial und wirtschaftlich einflussreicheren Persönlichkeiten (vertikale Verbreitung). Der Beginn dieses Phänomens wird im Allgemeinen mit der Entstehung des einheitlichen Nationalstaats angesetzt. Der Zentralstaat, so die These, sei nicht in der Lage gewesen, die lokalistische Politik der eigenen Beamten und Funktionsträger zu kontrollieren. Eine andere These hingegen sieht den Beginn des Klientelismus in jenem Moment der Nachkriegszeit, als die Republik erst langsam ihre Strukturen entwickelte und zudem sehr plötzlich große ökonomische Ströme in die Provinz flossen, die zugunsten der schnell anwachsenden Wählerschaft genutzt werden konnten. Eine dritte Hypothese schließlich sieht im Klientelismus ein eigentlich feudales Verhalten, das vom Einheitsstaat übernommen wurde.

5 Parteienherrschaft

Starke Persönlichkeiten

Der individualistische Charakter der italienischen Gesellschaft verleitet die politische Klasse zu dem Versuch, in der nationalen Politik einen möglichst direkten Kontakt zwischen Wählern und Gewählten herzustellen. Da in einer individualistischen Gesellschaft Autorität eher einer Person als einer Institution zuerkannt wird, binden sich die italienischen Parteien oft an die Bekanntheit von Einzelpersonen, die dann bald zu öffentlichen Persönlichkeiten werden und eine tendenziell familiäre Beziehung zu den Wählern aufbauen. Für dieses System sind vor allem jene herausragenden Persönlichkeiten geeignet, die auf die eine oder andere Weise die Aufmerksamkeit und Anerkennung des Publikums gefunden haben. Hieraus erklärt sich die Tatsache, dass ab Beginn der 90er Jahre in wichtigen Staatsämtern oder an der Spitze von politischen Parteien hoch angesehene Technokraten zu finden sind, in erster Linie berühmte Juristen oder Ökonomen. Und so erklärt sich auch die fragwürdige und vom Ausland argwöhnisch kommentierte Praxis, berühmte Stars aus Sport und Showbusiness als Leitfiguren von Parteien einzusetzen – berühmtestes Beispiel ist wohl die Pornodarstellerin CICCIOLINA.

Als mit der institutionellen Krise der 80er Jahre das alte Parteiengefüge der Ersten Republik zusammenbricht, entstehen zahlreiche kleine neue Parteien. Die meisten der Parteien der Zweiten Republik arbeiten mit einer berühmten Identifikationsfigur an der Spitze, mit einem regelrechten *leader*: Die Partei lebt von seiner Aura und speist sich aus seinen periodischen Äußerungen und Stellungnahmen zu Fragen der aktuellen Politik. Diese Fixierung auf die jeweilige Leitfigur geht mit einem Mangel an parteipolitischer Programmatik einher. Die geringe programmatische Ausrichtung politischer Parteien hat in Italien allerdings eine längere Tradition, denn der Verzicht auf systematische und analytische Programmarbeit erlaubt ein viel flexibleres Spiel der Allianzen und Koalitionen, das, wie gezeigt wurde, eine grundlegende Struktur italienischer Politik ausmacht.

Parteiensystem

Obwohl in letzter Zeit versucht wird, wieder zu einem Zweiparteiensystem zurückzukommen (so bei den Wahlen des Jahres 2001, wo sich die beiden Blöcke *Polo della Libertà* und *Ulivo* gegenüberstanden), halten sich zahlreiche kleine und kleinste Parteien, die jeweils vom Vertrauen profitieren, das in ihre Leitfiguren gesetzt wird. Aufgrund dieser Personenfixierung gibt es immer wieder renommierte politische Exponenten, die innerhalb einer größeren Partei für eine bestimmte Linie stehen und sich doch berufen fühlen, lieber eine eigene (kleine) Partei zu gründen, anstatt in einer größeren Gruppierung nur in der zweiten Reihe zu stehen. Aufgrund dieses sehr vielseitigen und diffusen Bildes ist es auch schwierig, die Parteien nach irgendwelchen Kriterien zu klassifizieren. Dies bildet sich sogar in der Sitzordnung im Parlament ab. NOBERTO BOBBIO, ein durch seine Publikationen sehr bekannter Intellektueller (Bobbio 1994), vertritt die Auffassung, dass sich die Abgeordneten anderer Länder rechts *oder* links einordnen, während man sich in Italien *von* rechts *bis* links gruppiert. Und immer häufiger könne man beobachten, dass sich Gruppen quer zur Sitzordnung positionieren, um so je nach Thema und Diskussionsverlauf den eigenen Platz eher mehr rechts oder links einnehmen zu können. Berühmtes Beispiel hierfür ist UMBERTO BOSSIS *Lega Nord*, die sich selbst anfangs links zuordnet, dann aufgrund der radikalen Rhetorik rechts verortet wird, um sich schließlich im Zentrum in der Nähe des momentanen Koalitionspartners SILVIO BERLUSCONI wiederzufinden.

6 *Trasformismo*

Der Begriff

Unter *trasformismo* (etwa: Wandlungsfähigkeit) versteht man das Verfahren der italienischen Politik, zu einzelnen zentralen Fragen mit immer neuen parlamentarischen Mehrheiten zu arbeiten. Der Begriff geht zurück auf den Premierminister AGOSTINO DEPRETIS (1813–1887), der damit seine Bemühungen meinte, im noch jungen und instabilen Einheitsstaat Italien in wichtigen Fragen des Königreichs jenseits der parteipolitischen Lager Mehrheiten zu finden. Sein Anliegen war nicht der Sieg einer bestimmten politischen Ideologie, sondern die Verpflichtung der politischen Akteure auf die nationale Solidarität und den gesunden Menschenverstand. Diese Praxis kann für die Zeit des entstehenden Nationalstaats für sinnvoll erachtet werden. Als die Institutionen jedoch stabiler sind und der Staat konsolidiert ist, dient diese Form der ständig neuen Mehrheitsfindung der soeben beschriebenen Praxis des Klientelismus. Es handelt sich also um eine besondere Form des Tauschhandels und des Kompromisses, in die auch die Opposition einbezogen wird (Fritzsche 1986).

Mangel an Oppositionskultur

Hieraus resultiert eine regelrechte politische Eigendynamik, die zu langen Perioden der Stagnation und Immobilität führt. Zudem lösen sich aufgrund dieser Praxis die klaren Gegensätze von *Linke* und *Rechte* auf, weshalb es in Italien lange Zeit keine wirklich effektive Oppositionskultur gegeben hat. Und schließlich hat der *trasformismo* dazu geführt, dass sich die Intellektuellen und die Kunstszene in Italien weitgehend von der Politik abgewandt haben, da sie in der herrschenden Praxis lediglich Machtspiele und völliges Desinteresse an den Sachfragen ausmachen konnten.

7 *Dietrologia:* Blick hinter die Kulissen

Hinter-gründiges

Unter *dietrologia* versteht man die Angewohnheit der italienischen Medien und politischen Analysten, nicht die Oberfläche der politischen Auseinandersetzung als relevant zu erachten, sondern verborgene unsichtbare Machtgefüge und Absprachen. Auch diese Eigenheit der politischen Kultur Italiens kann auf die Tendenz zum Individualismus und zu lokalistischen Strukturen zurückgeführt werden. Abkommen werden eben eher im privaten, informellen Gespräch getroffen. Auch die Lösungen der bereits analysierten Regierungskrisen finden stets im Hintergrund, bei Gesprächen zwischen einzelnen Exponenten der verschiedenen Interessengruppen statt. Das Kräfteverhältnis von informeller und formeller Kommunikation ist in Italien zugunsten des Informellen verteilt. Diese besondere Bedeutung des informellen Kontakts betrifft nicht nur die Politik, sondern Verhandlungen in allen Bereichen des privaten und öffentlichen Lebens.

Vor allem die Medien, die populären genauso wie die seriöseren, neigen dazu, politische Analyse in Form von Hintergrundforschung zu betreiben. Da man davon ausgeht, dass die nach außen dargestellte Oberfläche mit Sicherheit nicht die eigentlich relevanten Absprachen und Allianzen abbildet, sucht man im Verborgenen nach den eigentlich treibenden Kräften und Interessen. Die starke Bedeutung dessen, was hinter den Kulissen der politischen Bühne vor sich geht, hat auch zu extremen Formen politischer Gruppenbildung geführt. Es sei hier an die Existenz zahlreicher Geheimlogen erinnert, von denen die berüchtigte P2 nur ein Beispiel ist. Sie hat über Jahrzehnte versucht, die Geschicke des Staates durch parallele, verborgene Machtstrukturen zugunsten der eigenen Interessen zu beeinflussen (Große 1997).

B Der politische Bürger Italiens: Eine Typologie

1 Einschätzung des politischen Systems und des politischen Verhaltens

Merkmale

Versucht man, die im Laufe der Jahrhunderte von italienischen Soziologen erstellten Analysen der politischen Kultur Italiens in ein Porträt des italienischen Bürgers und der staatlichen Organisation zusammenzufassen, so ergibt sich ein wenig erfreuliches Bild. Die wesentlichen Merkmale sind folgende:

a) Italien hat keine funktionierende Bürokratie.
b) Italien hat keine selbstregulativen Kräfte.
c) Politische Allianzen sind instabil.

d) Der Staat mischt sich, vor allem zur Zeit der Republik, dauernd in ökonomische und soziale Prozesse ein, aus denen er sich besser heraushalten würde.
e) Das Volk misstraut der Staatsautorität.
f) In der Bevölkerung mangelt es an Zivilengagement, und damit an einer alten römischen Tugend.
g) Italien hat nie die Fähigkeit zu Revolutionen gehabt.
h) Der starke Individualismus verhindert eine stabile soziale Kohäsion.
i) Die dominante Familienstruktur bedingt den Mangel an zivilem Engagement.
j) Der Einfluss des Papsttums verursacht ein geringes politisches und nationales Bewusstsein der breiten Bevölkerung.

Die Punkte a) bis d) beschreiben die Struktur der politischen Macht in Italien, die folgenden drei Merkmale beziehen sich auf den durchschnittlichen italienischen Staatsbürger, h) und i) sind soziale Erklärungsversuche, während j) einen historischen Erklärungsansatz bietet. Denkt man an das erste Teilkapitel dieses Kapitels zurück, wird es nicht schwer fallen, hinter diesen Meinungsäußerungen die unterschiedlichen Denktraditionen zu erkennen. Nur in einem zudem äußerst positiven Autostereotyp stimmen alle inneritalienischen Kommentatoren überein: Italien hat eine Form von Patriotismus entwickelt, der immer nur auf die Befreiung des Landes von Fremdherrschaft und auf die politische Einigung abgezielt hat, niemals jedoch auf die Unterjochung anderer Völker. Allerdings ist diese auf das *risorgimento* zurückgehende Selbsteinschätzung durch die Epoche des faschistischen Regimes Lügen gestraft worden. Aber selbst diese tief greifende und erschütternde Erfahrung hat in Italien (anders als in Deutschland) nicht zu einer Negativkonnotation der Begriffe *Vaterland* oder *Nationalfahne* als Symbol nationaler Identität geführt.

Neuere Studien

Diese Merkmale der Selbstbeschreibung, die von den italienischen Intellektuellen je nach ideologischer Ausrichtung unterschiedlich gewertet werden, sind in den vergangenen Jahren durch neue soziologische Studien bestätigt worden. Das politische Verhalten des Durchschnittsitalieners wird dort als *parocchiale*, d. h. an die jeweilige Gemeinde gebunden bezeichnet. Eine solche Einstellung kann gekennzeichnet werden als:

a) traditionalistisch,
b) eher gemeinschafts- als gesellschaftsorientiert,
c) lokalistisch,
d) partikularistisch,
e) über politische Institutionen und deren Aufgaben wenig informiert,

f) ohne emotionale Bindung an das weitgehend unbekannte System.

Diese Eigenschaften gelten noch heute, auch wenn sich seit den 90er Jahren in Italien ein Wandel der politischen Kultur vollzieht: Man spricht von der Spektakularisierung der Politik und meint damit die Angewohnheit vieler Politiker, die eigene Meinung zu Themen der politischen Aktualität in Fernsehtalkshows kundzutun. Die Debatten in den Massenmedien sind eher durch Polemik als durch eine sachorientierte Suche nach Lösungen gekennzeichnet. Dieses Phänomen der massiven medialen Präsenz dient nicht nur der Werbung für eine Partei, sondern schafft regelrechte Leitbilder in der öffentlichen Meinung. Daher muss man die Aussage über den geringen Grad an Informiertheit über die politischen Institutionen dahingehend differenzieren, dass parallel zur Unkenntnis eine durch die Massenmedien erzeugte Überinformation über die politischen Debatten besteht. Eine unabhängige Meinungsbildung wird dadurch eher behindert als gefördert.

Diese Analyse des politischen Verhaltens der italienischen Bürger hat bis heute in der Innen- wie in der Außenwahrnehmung immer wieder zu kritischen Einschätzungen geführt, die vor allem eine geringe Identifikation des Bürgers mit dem italienischen Staat und ein wenig entwickeltes Nationalbewusstsein bemängeln. Diese Auffassung lässt sich schwerlich widerlegen. Allerdings kann die heutige (unbefriedigende) Situation auf besonders wichtige Schlüsselprobleme der politischen Kultur Italiens zurückgeführt werden. Die im Nachfolgenden eingehender analysierten Aspekte sollen nicht als Rechtfertigung der heutigen Zustände dienen, sondern sind als Interpretationsansätze der hier dargestellten Typologie politischen Verhaltens in Italien zu verstehen.

2 Die Legitimation der Macht

Macht als Belastung

Die Identifikation der Bürger mit ihrem Staat setzt voraus, dass sie ihn als zur Machtausübung legitimiert betrachten. Dies ist in Italien über lange Zeit gar nicht und auch heute nicht vollständig gewährleistet. Im Mittelalter wird die Macht, die sich bei den Feudalherren konzentriert, von diesen als Belastung angesehen, weil mit ihr eine gewisse Verantwortung für die Untertanen einhergeht. Gegen Ende des 11. Jhs. beginnt der Übergang von den adeligen Herrschern auf die neue städtische Oligarchie, als sich im Norden und im Zentrum des Landes reiche Familien zu Verbünden zusammenschließen. Ziel dieser neuen Struktur ist die Unabhängigkeit von den Feudalherren und die Freiheit im Umgang mit dem eigenen Vermögen. Dies ist, wie wir gesehen haben, die Geburtsstunde der *comuni*, die trotz ihrer antifeudalen Tendenz keineswegs als demokratische Organisation anzusehen sind. Die kleine politische Elite besteht so aus reichen Bürgern und Adeligen, die sich den bestehenden Gruppen anschließen können. Diese oligarchisch-adelige Führungsschicht läßt der großen Masse des Volkes wenig Platz für politische Beteiligung. Die politische Macht bleibt auch in den folgenden Jahrhunderten im wesentlichen in der Hand dieser Führungsschicht. Ab dem 16. Jh. wird die Staatstheorie des Florentiners NICOLÒ MACHIAVELLI (s. Infobox S. 71) einflussreich, der Politik zur Machterhaltung ohne Ansehen ihrer moralischen Qualität rechtfertigt. Die jeweiligen Machthaber nutzen natürlich diese Trennung von Politik und Moral zur Aufrechterhaltung des *status quo*.

Fremdherrscher

Die Übernahme der Macht durch fremde Herrscher (teils auch in den früher unabhängigen Stadtstaaten) hält die Bürger weiterhin von der Teilnahme an politischer Verantwortung fern. Wie wir bereits gesehen haben, hüten sich die Anjou ebenso wie die Aragoneser und die Habsburger, Italiener in hohe Ämter gelangen zu lassen. Erst unter den Bourbonen und dann später in der Phase restaurativer Politik nach dem Wiener Kongress können Italiener politisch wichtige Ämter übernehmen. Die wenigen privilegierten Bürger, die an der Lenkung der Staatsgeschäfte teilhaben, sind in der Regel von der Aufklärung geprägt, lehnen daher absolutistische Herrschaftsformen ab, ohne deshalb dem Volk politische Reife zuzutrauen.

Das Volk in der Politik

Die große Masse des italienischen Volkes wird eigentlich erst während des *risorgimento* bewusst wahrgenommen, als es nicht mehr nur darum geht, die Einheit der Nation herbeizuführen, sondern auch darum, das Volk, dessen Macht und Gewaltbereitschaft in Europa in zahlreichen Revolutionen offensichtlich geworden war, angemessen zu führen.
Das vereinte Italien kann sich nicht lange mit den weitgehend ungelösten internen Fragen aufhalten, sondern muss sich für lange Zeit vor allem mit entscheidenden außenpolitischen Fragen befassen. Das Volk fühlt sich somit weiterhin von den großen Zielen des Staates fern, eines Staates, dem es jedoch vertrauen und dienen soll. So bleibt die Frage nach der Legitimation der Macht des neuen Staates ungelöst. Eine transzendentale Legitimation ist in Zeiten wachsender Modernisierung kaum glaubhaft, und eine wirkliche Beteiligung Aller an den politischen Neuerungen findet nicht statt.

Volk und Republik

Die Integration weiter Teile der Bevölkerung gelingt erst mit der italienischen Republik nach dem Zweiten Weltkrieg. Allerdings lässt auch in dieser Phase die Identifikation mit dem Staat zu wünschen übrig, weil die beiden dominanten Parteien (DC und PCI) nicht dasselbe Verfassungsverständnis (DC = Paternalismus; PCI = Demokratie von unten) haben und somit große politische und soziale Spannungen entstehen. Während der Ersten Republik hat man versucht, dem Legitimationsproblem durch Konsensbildung abzuhelfen, indem man den eigenen Anhängern durch Inhaber hoher Staatsämter Vorteile zukommen ließ. Es sei an dieser Stelle betont, dass den Italienern diese Form von politischer Vorteilsnahme nicht an und für sich skandalös erscheint; schockierend wirkt sie in der italienischen Öffentlichkeit nur, wenn sie individueller persönlicher Bereicherung und nicht der Unterstützung vieler Bürger dient.

3 Das Gesetz

Skepsis

Der uneingeschränkte Respekt vor dem Gesetz ist für die Stabilität eines Staates entscheidend. Auch in dieser Hinsicht ist die politische Kultur Italiens durch erhebliche Skepsis gekennzeichnet. Schon die Gründung der ersten europäischen Universität in Bologna (1088) hatte vor allem das Ziel, sich wissenschaftlich mit dem Thema der Rechtsprechung, der Gesetzgebung und der Jurisprudenz allgemein zu befassen. Hierbei ging es zunächst um die Auseinandersetzung mit dem Römischen Recht, das vor allem im *Corpus Iuris Civilis* des Kaisers JUSTINIAN überliefert war. Das Studium des Rechts hat in Italien somit eine lange und ehrwürdige Tradition. Gesetz und Gesetzgebung, die zudem meist in lateinischer Sprache gepflegt wurden und Laien nicht zugänglich waren, führten allerdings ein Eigenleben weit ab von den Bedürfnissen der normalen Bürger. In der Wahrnehmung des Volkes waren Juristen nichts anderes als Rechtsverdreher. Zahlreiche literarische Figuren legen von dieser kollektiven Vorstellung Zeugnis ab: Berühmt ist der Charakter der *commedia dell'arte*, der als studierter Bologneser *dottore* in schlechtem Latein seine unverständlichen und nie der Realität entsprechenden juristischen Kommentare abgibt; aber noch Jahrhunderte später schafft ALESSANDRO MANZONI in seinen *Promessi Sposi* (1827/1840) den in Italien jedem Schulkind bekannten Anwalt Azzeccagarbugli, der durch juristische Haarspaltereien regelmäßig die Schwächeren verlieren lässt. Bedingt durch die elitäre Sprache erscheint das Gesetz in der Wahrnehmung des einfachen Volkes als Machtinstrument, das eher gegen die Schwachen als zu ihrem Nutzen eingesetzt wird. Dies ist einer der Gründe für die A-Legalität (nicht Illegalität) der einfachen Bürger und für ein Verhalten, das von außen betrachtet anarchisch wirkt, sich aber intern durch die

Auffassung erklärt, Politik finde ohnehin ohne jeden Bezug zu Moral statt. In dem Maße, wie das Vertrauen in die Gesetze des Staates schwindet, erlangen die Regeln und Gesetze in kleineren Einheiten (wie der Familie oder dem Herkunftsort) größere Bedeutung. Der von außen gesehen geringe Respekt gegenüber den allgemein verbindlichen Gesetzen darf nicht darüber hinwegtäuschen, dass parallel hierzu die oft ungeschriebenen, internen Gesetze kleinerer Einheiten (Gruppen, Familien) umso genauer eingehalten werden.

4 Die Verwaltung

Macht-missbrauch

Die Verwaltung gilt in Italien als Institution politischen Machtmissbrauchs. Diese Einschätzung geht vor allem auf die Epoche der spanischen Herrschaft zurück, die sich für die Bürger als extrem bürokratisiert und schädlich darstellte. Die wesentlich effizientere Verwaltung unter den Habsburgern im Norden blieb hingegen ein regionales Phänomen und wurde zudem durch die starke Einschränkung bürgerlicher Freiheiten in ihren positiven Auswirkungen konterkariert.
Ein Blick auf die jüngere und jüngste Entwicklung offenbart nichts Gutes: Die Republik leidet seit ihrer Gründung an einem aufgeblähten und ineffizienten Beamtenapparat. Aufgaben und Funktion der staatlichen Verwaltung haben mit dem Gedanken von Dienstleistung nichts zu tun. Die Schaffung neuer und eigentlich überflüssiger Beamtenstellen war eine der Methoden, Wählergruppen und sonstige Unterstützung der politischen Parteien zu belohnen. Wirtschaftsvertreter mahnen immer wieder, allerdings bislang erfolglos, die Reform der Verwaltung an, in deren Ineffizienz sie einen entscheidenden Standortnachteil der italienischen Wirtschaft sehen.

5 Schlussfolgerungen

Fazit

Abschließend können wir festhalten, dass in den seit langem geführten Diskussionen um das politische Verhalten der italienischen Bürger zu wenig auf die sozio-kulturellen Bedingungen geachtet wurde. Es ist deutlich geworden, dass politisches Verhalten weniger (wie manchmal behauptet) aus anthropologischen Bedingungen oder gar einer vorgegebenen Mentalität erwächst, sondern eher als kollektive Gewohnheit in der Auseinandersetzung mit spezifischen Gegebenheiten angesehen werden kann. Die Skepsis vieler Italiener im Hinblick auf Machtstrukturen und Gesetze ist zu großen Teilen eine Folge des über lange Zeit angestauten Misstrauens gegenüber einer Oligarchie, die ihre Aufgabe nicht zum Wohle Aller erfüllt hat. Daneben, aber in geringerem Maße, kann von einem latenten Loyalitätskonflikt zwischen Familie auf der einen und Staat auf der anderen Seite ausgegangen werden. Angesichts einer politischen Schicht, die über Jahrhunderte und auch nach der nationalen Einigung ihre Funktion nicht zuverlässig ausfüllt, erweist sich für die Bürger die Familie (wobei Familie hier in einem weiten, auch figurativen und nicht rein biologischen Sinn zu verstehen ist) als die einzige verlässliche Struktur. Auf der Ebene der Familie können Antworten für die konkreten Bedürfnisse des Einzelnen gefunden werden. Daher kann es nicht verwundern, dass die italienischen Bürger eher zu einer individualistischen Kultur neigen als zu einer kollektivistischen. Gleichfalls wird verständlich, dass es ihnen schwer fällt, der politischen Klasse Legitimität zuzuerkennen, da politische Macht als dauernder Missbrauch zugunsten dessen, der sie ausübt, verstanden wird.

Literatur

Abraham 1973, Almond 1963, Bobbio 1994, Bollati 1996, Fritzsche 1986, Galli della Loggia 1997, Große 1997, Lepre 1995, Sabine 1998, Sciolla 1997.

Erste und Zweite Republik

Nachdem die Alliierten 1943 in Süditalien gelandet sind, wechselt die italienische Führung unter Badoglio die Fronten. Die Phase des Widerstands (1943–1945) beginnt. Nach Ende des Krieges geht aus der antifaschistischen Regierung die erste italienische Republik hervor. Die *prima repubblica* (1946–1992), die erst so genannt wird, als 1992 tiefe Veränderungen im politischen System Italiens eintreten, ist von einem sehr starren, reformunfähigen politischen System gekennzeichnet. Auch die Neuordnung der Verantwortlichkeiten unter dem ersten nicht christdemokratischen Ministerpräsidenten, dem Sozialisten Bettino Craxi (1983–1987), ändert daran nichts.

Erst als ab 1992 mit der Bewegung der *mani pulite* die illegale Parteienfinanzierung und das Korruptionssystem vor Gericht kommen, brechen die alten Machtstrukturen (teilweise) auf. Man spricht seitdem oft von der *seconda repubblica* und meint damit die Jahre seit 1992, obwohl Italien keine neue Verfassung erhalten hat und die politischen Probleme des Landes fortbestehen. Der Begriff ist daher weniger staatsrechtlich denn moralisch und symbolisch zu verstehen.

Nicolò Machiavelli (1469–1527)
ist der erste Staatstheoretiker Europas, der Politik unabhängig von Moral definiert. Seine beiden Hauptwerke sind *Il principe* (1513) und die *Discorsi sulla prima deca di tito Livio* (1513), ein Lob der römischen Republik. Im Zentrum seines Denkens steht die Idee einer doppelten Moral, einerseits die des Fürsten, andererseits die des Volkes. Dem Fürsten wird das Recht zugestanden, moralisch fragwürdige Mittel einzusetzen, um einen starken Staat zu garantieren. Die Bürger sollten hingegen durch ihre Loyalität gegenüber dem Souverän und dem Staat für die bislang durch partikularistische Interessen behinderte nationale Kohäsion sorgen. Machiavelli wollte keineswegs dem Machtmissbrauch und der Korruption als Selbstzweck Vorschub leisten: Seine Theorie einer sehr weitgehenden absoluten Machtfülle zielte vielmehr auf die Stabilisierung und Entwicklung des Staates, und damit letztlich auch auf die Erhaltung des Friedens (Ein Fürst, der den Frieden nach innen nicht wirkungsvoll garantiert, wird gestürzt.). Sieht man seine Theorie in ihrem historischen Entstehungskontext, so ist der Gedanke nachvollziehbar. In dem Moment, wo sich die großen Monarchien in Westeuropa entwickeln, ist Italien zersplittert und von internen Konflikten geschwächt. Die bestehenden Institutionen sind prachtvoll aber ineffizient; das überall im Land bestehende, von den Intellektuellen geförderte Gefühl der nationalen Zusammengehörigkeit wird von moralischer und politischer Korruption konterkariert.
Allseits bekannt ist der Missbrauch von Machiavellis Theorie durch viele Herrscher, die unmoralische Handlungen und Korruption durch den Verweis auf seine Schriften meinten rechtfertigen zu können und so eine unüberwindliche Distanz zwischen Machthabern und Volk etablierten.

5 KAPITEL Gesellschaftsstrukturen und Formen kollektiven Verhaltens

1 Mentalität und Gesellschaft

Mentale Dispositionen

Der Begriff *Mentalität* findet seit Beginn des 20 Jhs. häufig Anwendung in anthropologischen und soziologischen Studien. Er bezieht sich auf eine Vielzahl teils diffuser Gegenstände. Im Allgemeinen bezeichnet er die Gesamtheit von Dispositionen, Einstellungen, Gewohnheiten und intellektuellen, kognitiven und emotionalen Ausrichtungen eines Kollektivs (Pitocco 1996). Es fällt auf, dass eine solche Definition von *Mentalität* dem Begriff *Kultur* bei TYLOR sehr nahe kommt (s. S. 10). Gleich, ob man von kulturellen Standards oder mentalen Dispositionen in einem großen gesellschaftlichen Kollektiv spricht: Wer das kollektive innere und äußere Verhalten einer Gemeinschaft untersuchen will, muss sich Gegenständen wie der Einstellung zum Tod und zum Leben widmen, dem Umgang mit Gefühlen und mit der Familie, muss die kollektiven Symbole und Rituale (Feste, Alltagsleben) untersuchen. Auch die Einstellung der verschiedenen Gesellschaftsschichten zu Religion und Moral ist Gegenstand einer kulturwissenschaftlich verstandenen Gesellschaftsanalyse. Allerdings soll gleich klargestellt werden, dass es bei den kollektiven Einstellungen und Verhaltensweisen innerhalb eines so großen Kollektivs, wie es eine Sprachgemeinschaft ist, eine Vielzahl von Differenzen und Differenzierungen gibt. *Die* italienische Mentalität kann es nicht geben und hat es nie gegeben: Geographische Ausdifferenzierungen wie Norden-Süden (für Italien ist diese Unterscheidung natürlich besonders relevant) oder auch soziale Unterschiede zwischen einzelnen Schichten, *gender*-Rollen der beiden Geschlechter sowie schließlich die individuellen Optionen eines jeden Bürgers bestimmen die mehrschichtige kulturelle Identität von uns allen. Die kollektive Dimension des Nationalen ist dabei nur eine Schicht neben vielen anderen.

Trotzdem kann man einige Aspekte benennen, die für das Kollektiv Italien prägende Bedeutung haben und auch die individuell unterschiedlichen Verhaltensweisen und Einstellungen konditionieren. Drei Aspekte seien hier hervorgehoben: die matriarchale Struktur der Gesellschaft, der Einfluss des Katholizismus und die Renaissancekultur, die von vielen als erster wirklicher Ausdruck eines Nationalcharakters angesehen wird. Es sei erneut unterstrichen, dass die Rede von kollektiver Mentalität auf der Ebene einer Nation immer Gefahr läuft zu suggerieren, dass man von regionalen, sozialen oder individuellen Differenzen abstrahieren könne. Man muss sich der Relativität der Rede von „nationaler

Mentalität" bewusst sein, gleichzeitig aber die prägende Rolle von sozial, familiär und medial vermittelten Elementen eines Systems kollektiver Standards sehen, die innerhalb eines nationalen Verbandes wirken. Solche prägenden sozialen Strukturen und Konventionen behindern nicht die Freiheit eines Individuums, sich nach eigenem Gutdünken zu verhalten, sie prägen aber das Koordinatensystem, innerhalb dessen die Entscheidungen als relevant eingeschätzt werden.

Gesellschaftliche Strukturen

Bei der Analyse der Gesellschaftsstruktur Italiens kann man einige Charakteristika beobachten, auf die teils schon in vorausgegangenen Kapiteln eingegangen wurde: Die italienische Gesellschaft ist vor allem individualistisch, familiaristisch und partikularistisch. Diese Charakteristika führen uns unweigerlich zu einer Differenzierung, die von Ferdinand Tönnies (1855–1936) in die Diskussion eingebracht wurde, nämlich die Unterscheidung von *Gemeinschaft* und *Gesellschaft*. Erstere gilt als Ort der Intimität, gehört zur Privatsphäre und ist durch eine starke Binnenkohäsion gekennzeichnet, die der einer Familie gleicht. *Gesellschaft* hingegen bindet das Individuum an den öffentlichen Bereich und setzt die Fähigkeit voraus, Verantwortung und Macht an abstrakte Institutionen zugunsten des Gemeinwohls zu delegieren. Die Abstraktheit der gesellschaftlichen Institutionen lässt unmittelbar erkennen, dass *Gesellschaft* in diesem Sinne eine künstliche oder auch imaginäre Struktur ist.

In der Wahrnehmung partikularistisch denkender Gruppen bleibt *Gesellschaft* für das Individuum eine fremde Welt, die unbekannt und anonym erscheint (Abraham 1973). Diese begriffliche Unterscheidung fließt in den Forschungen des 20. Jhs. in eine weitere Unterscheidungskategorie ein, nämlich in die Opposition modern – antimodern. So ergibt sich eine Gleichsetzung einer familiaristischen (auf Gemeinschaft basierenden) und traditionalistischen Gesellschaft wie der italienischen mit ihrer Verweigerung von Modernität. Dieses Urteil ist insofern nachvollziehbar, als die endgültige Industrialisierung Italiens erst in den 70er Jahren des vergangenen Jahrhunderts – und d. h. mit erheblicher Verspätung gegenüber anderen europäischen Ländern – erfolgt. Die Gesellschaft bleibt daher zu weiten Teilen bis in die jüngste Vergangenheit ländlich und traditionalistisch geprägt. Die Grundstruktur der kleinen „Gemeinschaften" erweist sich dabei als Gegenpol zu Fortschritt und Industrialisierung.

Die anthropologische Forschung zu menschlicher Gesellschaft und Mentalität stellt als Beschreibungskategorie ein weiteres berühmtes Oppositionspaar bereit: Matriarchat und Patriarchat. Bachofen (1954) sieht im Matriarchat eine frühe Phase in der Entwicklung des menschlichen Geistes, der dann seit dem Hellenismus das Patriarchat gefolgt ist. Die grundlegende Unterscheidung zwischen diesen beiden aufeinander folgenden Epochen, die dann auch typologisch zur Beschreibung unterschiedlicher Gesellschaftstypen benutzt wird, bezieht sich auf die Beziehungsstrukturen innerhalb der Gesellschaften und auf die Formen der Gesetzgebung, die in der matriarchalen Logik eher individualistisch und subjektiv ist, in der patriarchalen hingegen auf Logos/ Vernunft beruht. Die italienische Gesellschaft wird, angesichts der erwähnten Eigenschaften, auch in jüngerer Zeit noch als kryptomatriarchalisch definiert. In der Beschreibung der gesellschaftlichen Strukturen wird auch oft das Bild einer „Föderation von Familien" benutzt. Damit hebt man die Tatsache hervor, dass in kleinen Einheiten gemeinsame Interessen und Ziele existieren, die nicht mit dem großen Kollektiv des Staates vollständig übereinstimmen müssen, aber dafür die Intimität in der Gruppe, den Zusammenhalt und die wechselseitige Kenntnis der Mitglieder untereinander fördern.

Nord-Süd

Bevor einige grundlegende Elemente der kollektiven Einstellungen in der italienischen Kultur analysiert und erläutert werden, soll an dieser Stelle eine wesentliche Differenzierung unterstrichen werden, auf die bereits in anderem Zusammenhang eingegangen wurde: die Unterscheidung von Merkmalen in Nord- und Süditalien.

Vielleicht lassen sich die Unterschiede in den kollektiven Verhaltensweisen und mentalen Einstellungen zwischen Nord- und Süditalien auf verschiedene geographisch-ökonomische Bedingungen zurückführen. Die wirtschaftlichen Gegensätze sind hinlänglich bekannt: Der Norden ist industrialisiert und technologisch fortschrittlich, findet seit dem 19. Jh. Anschluss an die europäische Entwicklung und nimmt an Fortschritt und Modernisierung teil, obwohl auch in dieser Region die natürlichen Bedingungen eine florierende Landwirtschaft ermöglichen. Der Süden hingegen ist als Landschaft unwegsamer, rückständig, zu weit von den wichtigsten Handelszentren entfernt, die Einwohner zudem antimodern und traditionalistisch eingestellt. Wenn die „Frage des Südens" (*la questione meridionale*) gestellt wird, pflegt man zudem die historischen Umstände, aus denen sich diese Situation ergeben hat, ins Feld zu führen; man erwähnt die Rolle der Kirche, die das Volk unter seiner einengenden und zu Passivität führenden Vormundschaft gehalten habe; oder aber man weist auf die lokalistische Einstellung der Menschen hin, die man dann durchweg als negativ einstuft. In neuerer Zeit hingegen bemüht man sich, bis an die kulturellen Wurzeln Süditaliens zurückzugehen und die Funktionsmechanismen und den Wert einer Mentalität, einer Kultur zu verstehen, die als Tradition von Generation zu Generation weitergegeben wird, weil die verschiedenen Altersgruppen hier noch in engerem Kontakt zueinander stehen. Diese jüngeren Analysen, die ohne Vorverurteilung nach der süditalienischen Kultur fragen (vor allem die Zeitschrift *Meridiana* hat sich hier verdient gemacht), haben interessante Ergebnisse ans Licht gebracht. Der Unterschied zwischen Nord und Süd erweist sich als weniger objektiv geographisch oder historisch bedingt, sondern als maßgeblich kultureller (mentaler) Natur: Im Norden neigen die Menschen eher dazu, ihre Fähigkeiten zur Anhäufung materiellen Reichtums einzusetzen, während man im Süden auf die Mehrung der persönlichen Macht, des Prestiges, der Autorität und des Ruhmes abzielt. Tatsächlich besetzen noch heute mehr Süd- als Norditaliener staatliche Ämter eines gewissen Niveaus, weil der in der Regel schlecht bezahlte Bürokrat im Norden gering geschätzt wird, sich im Süden hingegen einer gewissen Bewunderung sicher sein kann. Auch die Wahrnehmung von Macht und Reichtum ist unterschiedlich: Macht erscheint im Süden als Quelle von Bewunderung, Respekt, Angst, Gehorsam und Neid, der Reichtum ist hingegen lediglich eine Begleiterscheinung der Macht. In der norditalienischen Logik hingegen verleiht erst der Reichtum die Macht, die Bewunderung auslöst. Während der Süden, der hier, wie gesagt, nicht rein geographisch, sondern kulturell verstanden wird, im ökonomischen Handeln eine antimoderne, rückständige Option anbietet, wird der Norden als geistig verarmt dargestellt, als dem primitiven Hedonismus verfallene Lebensweise, die kulturell und emotional weniger entwickelt ist als der Süden. Dies erscheint als allgemeines Problem der Modernität: Die industrialisierte Gesellschaft bringt Entfremdung, existenzielle Ängste und Nivellierung der individuellen Begabungen mit sich, und als einziger bedeutender Vorteil erweist sich die Disziplin, auf die alle Mitglieder der Gesellschaft eingeschworen werden. In solch einem Kontext nimmt die individuelle Wahlfreiheit ab, während eine südlich geprägte Kultur die Leidenschaft in den Mittelpunkt stellt, die zwar ergebnislos oder von schweren Nachteilen oder gar Tragödien begleitet sein mag, stets aber eine freie persönliche Entscheidung beinhaltet, die Entscheidung für eine bestimmte Lebensform. Auch die italienische Kultur im engeren Sinne ist vom Süden maßgeblich beeinflusst worden: Die Geschichte der italienischen Kunst und Literatur wimmelt von Dichtern, Juristen, Heiligen, Philosophen und Gelehrten aus dem südlichen Teil des Landes (man denke nur an moderne Autoren wie Pirandello, Benedetto Croce, Gabriele d'Annunzio oder Leonardo Sciascia).

Wer die Nord-Süd-Problematik in Italien einigermaßen unparteiisch betrachten will, muss sich allerdings auch mit den jeweiligen negativen Elementen der beiden kulturellen Modelle befassen. Der

Süden ist für lange Zeit in Armut verfangen, was die Einwohner für kriminelle Organisationsformen anfällig macht (zum Phänomen Mafia s. S. 91); die Schönheit der Landschaft, die den Einwohnern als Selbstverständlichkeit und damit nicht als sonderlich schützenswert erscheint, wird jedem kurzfristigen persönlichen Vorteil geopfert (siehe die Bauspekulation, die zu zahlreichen Bauruinen an den schönsten Orten des Landes geführt hat). Eine stark bürokratisierte und jeder Veränderung abgeneigte Sozialstruktur führt zu extremer Langsamkeit bei jeder auch ökonomischen Neuerung, während der Norden (und Teile des Zentrums) sich heute im Ausland vor allem durch die große Flexibilität und Geschwindigkeit in der Anpassung an neue Gegebenheiten als äußerst produktiver Standort ein ausgezeichnetes Renommee erworben hat.
Am Ende dieses Abschnitts soll noch einmal betont werden, dass nach den bedeutenden inneritalienischen Migrationen der 50er und 60er Jahre eine Zuordnung zur südlich oder nördlich geprägten Kultur nicht mehr nur nach geographischen Kriterien erfolgen kann. Die beiden koexistierenden Modelle „Süditalien" bzw. „Norditalien" sind zwar immer noch vorwiegend in den geographischen Zonen anzutreffen, die ihnen den Namen geben, gleichzeitig aber ortsunabhängig als verschiedene Optionen mentaler und kultureller Selbstdefinition zu verstehen. Die staatlichen Programme tun ein Übriges, um dem Süden die Chancen einer eigenständigen Entwicklung zu bewahren. Während man für lange Zeit erhebliche Summen über staatliche Instanzen in den Süden transferiert hat, die oft durch Korruption und mangelnde Kontrolle ihr Ziel verfehlten, ist man in den 90er Jahren dazu übergegangen, einzelne private Projekte, die schon einen gewissen Grad an Verwirklichung erreicht haben, direkt zu unterstützen. Zumindest einige Regionen in Süditalien erscheinen daher zu Beginn des neuen Jahrhunderts gut gerüstet, um den Weg in die Internationalisierung der Wirtschaft und Gesellschaft unter Wahrung kultureller Eigenständigkeit zu gehen.

2 Kollektive Werte und Einstellungen

1 Einstellung zu sozialen Beziehungen

Grundstruktur

Im Folgenden werden die vielfältigen Konsequenzen der soeben beschriebenen Sozialstruktur analysiert. Die menschlichen Beziehungen, die dem Muster *Gemeinschaft* zugrunde liegen, gehorchen der Logik familiärer Strukturen. Wenn sie einmal akzeptiert sind, bleiben sie bedingungslos bestehen und sind zudem meist hierarchisch geordnet. Die höchste Autorität wird im Idealfall derjenigen Person zuerkannt, die am meisten Leistung erbringt. Die Delegierung der Macht erfolgt freiwillig und nach dem Mehrheitsprinzip, sodass sich der gemeinsame Wille durch ein Austarieren von Kräfte-, Macht- und Rechtsverhältnissen Ausdruck verschafft. Der Konsens innerhalb einer solchen Gruppe wird durch Dialog und Vernunft herbeigeführt, wodurch die bestehenden Ungleichheiten besser toleriert werden. Die für die Stabilität der Gruppe erforderliche Kommunikation findet nicht unbedingt immer verbal statt, sondern oft durch stille Zeichensysteme, die den Gruppenmitgliedern jedoch unmittelbar verständlich sind. Im Übrigen wird die Kommunikation gerade durch die Intimität innerhalb der Gruppe gewährleistet, d.h. durch die enge Interessengemeinschaft. Die Gesetze, die solch eine Gemeinschaft regeln, sind gleichfalls nach dem Familienmodell organisiert: Die Liebe/Hingabe unter den Mitgliedern gleicht dem Mutter/Kind-Verhältnis, der hierarchische Respekt imitiert die Vater/Kind-Beziehung und das wechselseitige Verständnis aller Mitglieder ist die Grundlage des bedingungslosen Zusammenhalts.

Die Rolle der Frau

Die italienischen Frauen gelten in der Wahrnehmung vieler nordeuropäischer Kulturen als wenig emanzipiert. Diese stereotype Wahrnehmung nährt sich vor allem aus der enormen Bedeutung, die in der italienischen Kultur der Figur der Mutter (*la mamma*) zukommt. Daher wird die italienische Frau vorwiegend über ihre Rolle in der Familie definiert: erst Tochter, dann Mutter, so als gebe es zwischen diesen beiden Stadien keine Möglichkeit zur Emanzipation. Und doch ist die italienische Frau im internationalen Vergleich lange eine der emanzipiertesten gewesen. Seit der Renaissance wird von der Frau bei Hofe oder in hochstehenden Familien nicht etwa reine Zurückhaltung erwartet, sondern Raffinesse in der Art, sich hofieren zu lassen; und die Fähigkeit zu flirten, ohne die Würde zu verlieren. Die Frau hat am Status und am Ansehen des Mannes Anteil und so erlangt auch sie (sofern sie zu den höheren Schichten gehört) Bildung und kann ihre intellektuellen Begabungen durch dichterisches Schaffen unter Beweis stellen. Dieser (sozial allerdings begrenzte) Frauentyp ist früh emanzipiert, pflegt sein äußeres Erscheinungsbild und seine Bildung. Gemäßigtes Verhalten und Gläubigkeit gehören ebenso zu diesem von vielen Dichtern besungenen Idealbild wie die „männliche“ Fähigkeit, Macht auszuüben. Sogar die Mätressen bei Hof werden als scharfsinnig, klug und literarisch wie musikalisch hochgebildet beschrieben.
Die heutige Interpretation der Frauenrolle in der (vor allem früheren) italienischen Gesellschaft mag verfehlt sein, wenn sie nicht den unterschiedlichen Verhaltensweisen in der Öffentlichkeit und innerhalb der Familie Rechnung trägt. Während die Frau

mit Blick auf die Suche nach angemessenem, ausgeglichenem Verhalten in der Öffentlichkeit (*garbo*) Wert auf ein harmonisches Erscheinungsbild der Familie legen muss und sich selbst zurücknimmt, ist ihre Rolle innerhalb des Familienverbandes wesentlich energischer und aktiver. Den Frauen obliegt die Pflege der Familientradition und auch wenn ihre Rolle bisweilen Zerbrechlichkeit, Unterwerfung und Anpassungsfähigkeit vorsieht, ist die Durchsetzungsfähigkeit in der Familie unbestritten. Nach innen verwalten die Frauen die Macht. Die *mamma* ist die zentrale Figur der Familie. Diese starke Position spiegelt sich sowohl im allgemein bekannten Marienkult als auch in der literarischen Tradition. In den Komödien eines EDUARDO DE FILIPPO (1900–1984), die sich meist um häusliche Szenarien drehen, sind die Rollen fast statisch verteilt: strenge Väter (zumindest nach außen), Mütter, die nur scheinbar Opfer, aber in Wirklichkeit stolze und selbstbestimmte Frauen sind, Großeltern, welche die Enkel verwöhnen und schließlich unverheiratete Tanten, die immer dabei sind und dauernd dies und das zu kritisieren haben.

Die Frauenrolle bleibt in Italien für lange Zeit eine private und selten öffentliche. So werden die italienischen Frauen erst 1945 stimmberechtigt. Erst ab 1963 dürfen Frauen öffentliche Ämter übernehmen. Die Gleichheit zwischen Ehepartnern wird 1975 gesetzlich geregelt und nur sehr langsam wird die Gleichberechtigung im Bereich der Arbeit politisch in Angriff genommen. Man musste bis in die 90er Jahre des 20. Jhs. warten, bevor es Gesetze zur Förderung weiblichen Unternehmertums gab. Und dabei ist die Frage der ungleichen Bezahlung bei gleicher Leistung ebenso ungelöst wie die gleichmäßige Verteilung der Zuständigkeiten innerhalb der Familie. Die natürlich auch in Italien bestehende *gender*-Problematik ist allerdings hier weniger verbissen diskutiert worden als in anderen Kulturen. So hat sich etwa die Emanzipation der Frau nie in „Männerhass" geäußert. Abgesehen von einzelnen sehr aggressiven Kampagnen der 70er Jahre hat sich das Zusammenleben der Geschlechter in Italien eher auf pragmatische Lösungen eingestellt und weniger auf Prinzipienreiterei. Junge Frauen haben durchschnittlich ein höheres Bildungsniveau als junge Männer und die weiblichen Studierenden sind in der Überzahl. Der heutige Trend unter den Jugendlichen zielt auf eine Mischung aus Tradition und Moderne. Der Idealtyp der italienischen Frau würde demzufolge (Buzzi/Cavalli/De Lillo 1997) zum Familienunterhalt beitragen, die Kleinkinder dann aber alleine aufziehen, d. h. sie wäre bereit, ihren eigenen Beruf zurückzustellen, sobald sich Nachwuchs einstellt. Dem idealen Ehemann gesteht sie zwar größeren beruflichen Erfolg zu, nicht aber die Autorität in der Familie, wo sie selbst Zuständigkeiten delegieren möchte. Unverändert stark wird unter Jugendlichen beiderlei

Geschlechts von der Frau erwartet, dass sie ihr äußeres Erscheinungsbild pflegt, und wenn man die männlichen Jugendlichen nach ihrem Schönheitsideal befragt, deckt es sich mit dem durch Hochglanzmagazine vermittelten Ideal.

Die Familie

Früher war die italienische Familie durch die große Anzahl an Kindern gekennzeichnet, heute hingegen wird sehr bewusste und reduzierte Familienplanung betrieben. Kinder sind weiterhin ein hoher Wert und werden leicht in die Gesellschaft integriert, aber die Bereitschaft, einen großen Teil des Lebens (der Frau oder des Paares) für die Erziehung der Kinder zu opfern, hat erheblich abgenommen. Trotzdem kann man wohl kaum von einer Krise der Familie als solcher sprechen, denn in der Skala persönlicher Werte steht sie auch unter heutigen Jugendlichen noch immer an erster Stelle (Buzzi/Cavalli/De Lillo 1997). Die Vorstellung einer Großfamilie ist weiterhin lebendig, angesichts der größeren Mobilität auf dem Arbeitsmarkt jedoch zunehmend schwierig zu realisieren.

Ein weiteres Phänomen des italienischen Familienlebens, das aus nördlicher Perspektive nur schwer verständlich ist, betrifft die lange Verweildauer der jungen Erwachsenen in den Familien der Eltern. Dieses Phänomen wird oft (auch im Ausland) als besondere Verbundenheit der Familie gegenüber interpretiert, die es zudem erlaubt, die Übernahme eigener Verantwortung hinauszuschieben und sich bei finanziellen und praktischen Problemen des Alltags helfen zu lassen. Auch die italienischen Medien tragen dazu bei, einen regelrechten Mythos zu schaffen, der unter dem Etikett des *mammismo* diskutiert wird. Zur Differenzierung dieses Urteils sei darauf hingewiesen, dass es oft an angemessenen finanziellen und strukturellen Möglichkeiten mangelt, den Reifungsprozess anderswo als in der elterlichen Familie zu leben. So verändern sich die Formen des Zusammenlebens in der Familie langsam am Ende der Adoleszenz und die jungen Erwachsenen übernehmen innerhalb des Familienverbundes neue und differenzierte Rollen. Selbst wenn es zutrifft, dass viele junge Italiener erst nach dem Ende der Ausbildung oder den ersten Jahren der Berufserfahrung, oft auch erst nach der Heirat oder dem Entschluss zu einer Lebensgemeinschaft als Paar in fortgeschrittenem Alter den Weg in die völlige Selbstständigkeit gehen, so haben sie in der Regel doch längst vorher Formen der Selbstständigkeit entwickelt, die verantwortliche Entscheidungen, finanzielle Autonomie und den Umgang mit weitgehenden Freiheiten innerhalb der Familie einschließen. Auch wenn die Familie nach außen als eine erscheint, verlaufen somit oft die individuellen Leben der (jungen) Erwachsenen parallel zu denen der älteren Generation.

Einstellung gegenüber Fremden

Die europäische postindustrielle Gesellschaft sieht sich heute mit der Notwendigkeit konfrontiert, multiethnisch und damit bewusst multikulturell zu werden. Selbst in demographischer Hinsicht ist eine gezielte Zuwanderungspolitik erforderlich. Auch die italienische Gesellschaft wandelt sich langsam aber sicher seit den 80er Jahren in vielerlei Hinsicht grundlegend. Mitte der 90er Jahre beträgt der Ausländeranteil in Italien 1,7%. Die Immigranten stammen zumeist aus Ländern mit starken Kulturen und Traditionen, die nur teilweise von der Bevölkerung als Bereicherung der eigenen Identität verstanden werden. Allerdings erscheinen die Einwanderer selten als Bedrohung für die Gesellschaft und man bringt ihnen im Allgemeinen Solidarität (wenn auch keine vollständige Gleichberechtigung) entgegen. Schwerlich jedoch kann man von wirklicher sozialer Integration sprechen: Wenn man Schule und Arbeit als die beiden bestentwickelten Integrationsprozesse betrachtet, ergeben sich mehrere Problembereiche für die Immigranten. Oft beherrschen sie (zumindest anfangs) die Landessprache sehr unzureichend, die Wohnbedingungen sind meist instabil und entsprechen bei weitem nicht dem italienischen Standard. Zudem hat die hohe Kriminalität einzelner Gruppen das prinzipielle Misstrauen allen Fremden gegenüber gesteigert. Damit erschwert sich auch die Integration in die Arbeitswelt (Bonifazi 1998).

Die Toleranz gegenüber Fremden hat ansonsten eine lange Tradition in der italienischen Gesellschaft, die bis auf die antike Aufgeschlossenheit gegenüber Mitgliedern anderer Kulturen zurückgeht. Die Gastfreundschaft gegenüber Menschen, die von weit her kamen, galt als eine notwendige und eiserne Regel, denn wer ihr nicht gehorchte, riskierte schwere Bestrafung durch die Götter. Die religiöse Toleranz entwickelte sich in Italien durch den Kontakt mit Byzantinern und Muselmanen, durch die ausgedehnten, ökonomisch motivierten Reisen in den Orient und auch durch die starke Zuwanderung, die Italien zwischen 1300 und 1400 erfährt. Eigentlich weckt das Fremde in Italien weniger Angst als vielmehr Neugier bei den einfachen Bürgern und schlimmstenfalls entwickelt sich die Toleranz zu völliger Indifferenz, im Namen eines Individualismus, der nicht nur für einen selbst, sondern auch für jeden anderen Gültigkeit hat. Erst in jüngster Zeit hat die Zuwanderung eine neue Sozialstruktur ausgebildet: Während die wirtschaftliche Entwicklung der letzten Jahre in allen Regionen des Landes den Zugang zu Bildung und Wohlstand erleichtert hat, bleibt der Unterschied zwischen den Lebensbedingungen der verschiedenen sozialen Schichten erheblich. Hieraus kann, gerade angesichts der oft ärmlichen Lebensverhältnisse der Immigranten, neuer sozialer Sprengstoff entstehen.

2 Einstellung zu Tod und Religion

Fatalismus

In der matriarchalischen Gesellschaft ist die Lebensauffassung vorwiegend fatalistisch: Das Leben gehört, im Unterschied zum Tod, nicht zum Bereich des Gesicherten. Die Verbindung des Lebens/der Lebenden mit dem Tod/den Toten wird daher besonders intensiv gepflegt; vor allem in Süditalien besteht ein dauernder Dialog mit dem Jenseits. Der Fatalismus führt oft zu Passivität und Resignation, die sich nicht (wie man irrtümlich im Ausland gerne glaubt) aus der Neigung zum *dolce far niente* herleiten, sondern aus dem blinden Glauben an die Ohnmacht des Individuums gegenüber dem Schicksal. Positive Konsequenzen des Matriarchats in der italienischen Gesellschaft sind die große Gastfreundschaft, die Vorliebe zu harmonischen Nachbarschaftsverhältnissen (gegenüber einer rein rationalen Rechtslogik) sowie die unangreifbare Liebe zur Familie, die eben nicht als Gegenstück für eine zu erwartende Leistung verstanden wird.

Einstellungen zum Tod

In der italienischen Kultur wird dem Tod ein besonderer Platz zugewiesen, denn in den ländlichen Gegenden tendiert man dazu, sich mit dem Tod vertraut zu machen und den Dialog mit den Verstorbenen zu pflegen. Die starke Ritualisierung, mit der man dem Tod und dem Sterben begegnet, lässt unmittelbar erkennen, dass hier im Unterschied zu anderen modernen Gesellschaften die Suche nach dem letzten Sinn der menschlichen Existenz noch sehr stark ist.
Der Tod wird als gleichermaßen privates und öffentliches Ereignis aufgefasst. In kleinen Dorfgemeinschaften nimmt man massenhaft an den Beerdigungsritualen der einzelnen Dorfbewohner teil und jeder spürt das Bedürfnis, sich persönlich von dem Verstorbenen zu verabschieden, auch wenn man ihn kaum kannte. Niemand will hierbei fehlen und sei es nur, um einen stummen Blick auf den Leichenwagen zu werfen, wenn dieser durch die wichtigsten Straßen der Gemeinde zieht. Das Leben scheint in solchen Momenten wie suspendiert, denn der Tod erinnert an die Abwesenheit der Zeit im Jenseits. Deshalb unterbricht man bei dergleichen Anlässen seine Aktivitäten, die Fenster und Türen werden geschlossen oder verdunkelt. Auch die trauernde Familie verzichtet so konsequent auf jede Art körperlicher Tätigkeit, dass sich Nachbarn um die alltäglichen Bedürfnisse wie die Zubereitung von Mahlzeiten kümmern müssen. Die engen Verwandten des Verstorbenen leben eine Zeit lang unter Aufhebung der häuslichen und familiären Ordnung, die im Anschluss wieder neu hergestellt werden muss. Der Dialog mit den Toten erfolgt im Traum oder durch Seher. Man versucht damit, zu den Quellen des Menschlichen vorzudringen, wobei der Traum die Funktion des Mythos übernimmt. Der Dialog mit den Toten dient dabei vor

allem dazu, sich über die Loslösung vom und die Abwesenheit des Toten bewusst zu werden, wobei mit dem körperlichen Tod keineswegs die Beziehungen zwischen Lebenden und Toten völlig beendet werden, genauso wenig wie die wechselseitige Verantwortung. In jenen Fällen, in denen die Beziehungen zu den Verstorbenen zu Lebzeiten gestört waren und man den Verpflichtungen ihnen gegenüber nach dem Tod nicht nachkommt, fürchtet man ihren möglichen negativen Einfluss auf die Lebendigen. Deshalb darf man im Verständnis dieser Kultur niemals schlecht von den Toten reden. Der Tod als menschliche Realität hat in der italienischen Gesellschaft auch heute noch seinen Platz in Gesprächen, Ritualen und alltäglichen Verhaltensweisen, womit sich ein sehr lange tradiertes Verhalten auch in der modernen, kapitalistischen Gesellschaft gehalten hat (Alcaro 1999).

Einstellungen zur Religion

Die Kirche bietet seit ihrer Implementierung als dominante Religion im Mittelalter dem Volk, wonach es sucht: eine klare moralische Ordnung, die Möglichkeit der Buße und ein Ziel, auf das man sein Leben ausrichten kann (die heidnische Mythologie kannte kein Jenseits mit derselben Funktion). Die katholische Kirche bietet zudem eine Sphäre des mysteriösen Traums, eine Atmosphäre des Reichtums und Glanzes, dem man sich zugehörig fühlen kann. Die mystische Beziehung zum christlichen Gott bleibt jedoch nicht lange ohne Einflüsse aus anderen Quellen: Neben der christlichen Religion und dem aufrichtigen Glauben des einfachen Volkes und der kirchlichen Würdenträger existieren weiterhin die antike Astrologie, Aberglaube und magische Praktiken. Schon die Araber hatten die Astrologie und die Magie an den wichtigsten Höfen Italiens und sogar bei den Päpsten eingeführt. Aber erst durch den Humanismus und die Renaissance erlangen diese Rituale und Glaubensinhalte große Verbreitung. In der theologischen Fachdiskussion erscheint der Hauptfeind der Kirche unter dem Etikett des Epikuräertums, der die Vorstellung der göttlichen Vorsehung durch das völlig zufällig agierende Schicksal ersetzt. Diese Umkehrung führt bei denen, die dieser Auffassung zuneigen, einerseits zu dem Bemühen, auf jede nur erdenkliche Art (auch durch Einsatz der Magie) auf das eigene Schicksal Einfluss zu nehmen, andererseits entheben die okkulten Praktiken und auch die Astrologie das Individuum seiner moralischen Eigenverantwortung. So verlässt man sich zunehmend auf die Astrologie der Antike und der Araber, die nicht nur, wie man irrtümlich meinen könnte, vom ungebildeten Volk praktiziert wird, sondern in viel größerem Maßstab durch die Machthaber selbst. Viele Herrscher engagieren Astrologen an ihren Höfen und richten sich bei ihren politischen Plänen und Handlungen nach den Sternen. Motive beim Einsatz magischer Mittel sind Ehrgeiz und sinnlicher Genuss, d. h.

ausschließlich weltliche Ziele. Allmählich entsteht im Spätmittelalter und der Renaissance der Aufgabenbereich der „Hexen", die für Geld „Freuden" vermitteln. Ein unmittelbarer Konkurrent ist der Magier, der meist Astrologe ist, während charismatische Christen Prophezeiungen aussprechen und Beratungen anbieten (später wurden viele von ihnen heilig gesprochen). Ebenfalls aus der Antike stammt die Überzeugung, das Schicksal einer Stadt liege in den Händen seiner wichtigsten Bauwerke und Denkmäler, weshalb diese um jeden Preis verteidigt werden müssen. Während der christliche Glaube, auch wegen der korrupten Sitten des Vatikans, im Laufe der Jahrhunderte abnimmt, steigt der Aberglaube stetig an. Der Kirche mangelt es an beispielgebenden Modellen und der Wunsch nach einer Reform der Kirche und ihrer Sitten ist allgegenwärtig. Aber vielleicht ist gerade der in der italienischen Gesellschaft fest verankerte Individualismus der Grund, warum sich kein einheitliches Reformkonzept durchsetzt: Einzelne Prediger erhalten ungeheuren Einfluss – z. B. der später auf dem Scheiterhaufen verbrannte Girolamo Savonarola (1452–1498) – und parallel hierzu sinkt das Vertrauen in die renommierten Orden wie Franziskaner oder Dominikaner (Indiz für das schwindende Vertrauen sind z. B. die unzähligen satirischen Novellen der italienischen Literatur der Renaissance). Diese Veränderungen im Verhältnis zu Kirche und Aberglaube finden in den Grundzügen zwischen Mittelalter und Renaissance statt.
Aber auch heute finden sich noch Spuren dieser kollektiven Einstellungen gegenüber Religion und Magie. Wie bereits angedeutet, muss man zwischen den religiösen Praktiken der einfachen Bürger und der oberen Schichten der Gesellschaft unterscheiden. Bei den niederen Schichten haben Glaube und katholischer Ritus sowohl in den Städten als auch auf dem Land noch bis in die jüngste Vergangenheit einen großen Einfluss auf das Alltagsleben. Auch das II. Vatikanische Konzil (1964) hat daran nichts Wesentliches geändert. Die katholischen Praktiken vermischen sich mit rituellen Gaben und häufigen Heiligenanrufungen, die auf heidnische Bräuche zurückgehen. Im kollektiven Bewusstsein des Volkes vermischen sich somit christliche und heidnische Elemente. Aus den heidnischen Ritualen leitet sich die Vorliebe für üppige religiöse (und auch politische) Rituale her. Ein weiterer Brauch, der aus der Renaissance herrührt, ist der vor allem in Venedig und Rom florierende Handel mit Heiligenreliquien (in Florenz wird hingegen eher mit Reliquien von Dichtern gehandelt). Im Volk herrscht ein starker Marienkult vor, der im ganzen Land eine Vielzahl von Sanktuarien und Wallfahrtsorten hervorgebracht hat, die auch heute noch viel besucht werden. Die Neigung zu spektakulären religiösen Festen, die von Volk und Papst gleichermaßen gepflegt wird, steht jedoch in scharfem Kontrast zu den sehr ernsten reli-

giösen Anstrengungen und Bußübungen einzelner Gruppen von Gläubigen, die vor allem in der Vergangenheit als Folge von Naturkatastrophen oder politischen Unruhen zu beobachten waren. Bis zur Mitte des vergangenen Jahrhunderts war für viele Kinder und Jugendliche die Gemeinde der Ort ihrer Erziehung. Erst in den 80er Jahren, als der Katholizismus nicht mehr offizielle Staatsreligion ist, verringert sich die Präsenz der Jugendlichen im aktiven Gemeindeleben. Auch in Italien wird heute der Glaube weniger aus Pflichtgefühl denn aus gefühlter Überzeugung praktiziert. Durch den Kontakt mit anderen Kulturen sind in der aktuellen italienischen Gesellschaft neben dem Katholizismus auch andere Religionen und Sekten präsent. Ganz allgemein kann man seit den 90er Jahren beobachten, dass die Nachfrage nach spirituellen Angeboten stark gestiegen ist.

Wertung des katholischen Einflusses

Die katholische Moral etabliert sich seit den Völkerwanderungen in der italienischen Gesellschaft und die Verbindung zwischen Kirche und Volk wird mit der Zeit so eng, dass es schwer zu entscheiden ist, ob diese mehr durch das Volk oder das Volk mehr durch die Kirche beeinflusst wird. Die katholische Moral ist wiederholt wegen ihrer Konsequenzen für das kollektive Verhalten kritisiert worden. Vor allem im Kontrast zur calvinistischen Ethik, die der Eigenverantwortung im irdischen Leben größere Bedeutung beimisst, werden die Unterschiede deutlich: Der Erfolg eines Individuums, auch wirtschaftlicher Erfolg, wird im calvinistischen Denken als Indiz dafür angesehen, dass die betreffende Person im Jenseits das Seelenheil erlangen wird. Der Katholizismus hingegen, demzufolge das Heil durch moralisch gute, aber keineswegs notwendig „produktive“ Werke erlangt wird, fördert die Ergebenheit des Individuums. In diesem Sinne fühlt sich das Individuum in weit geringerem Maße als selbstständig handelndes Subjekt im irdischen Leben. Auf diesen Einfluss der katholischen Lebensauffassung führt man auch das wenig entwickelte zivile Engagement in Italien zurück sowie die Unfähigkeit der italienischen Gesellschaft, gegen vorgegebene historische Umstände zu rebellieren (in Italien hat es im 19. Jh. keine erfolgreiche Revolution gegeben). Gleichzeitig unterstreichen einige neuere Studien über die italienische Mentalität, vor allem im Süden, dass dem geringen zivilen Engagement im engeren Sinne eine sehr große Bereitschaft gegenübersteht, sich im kleinen Kontext der Gemeinschaft, z. B. der Nachbarschaft, nach den jeweiligen individuellen Möglichkeiten einzubringen. Auf diese Art und Weise hat man in Italien für lange Zeit den sozialen Neid und soziale Spannungen vermeiden können und deshalb haben sich gesellschaftliche Veränderungen nur langsam und ohne harte Kontraste vollzogen. Es darf auch nicht vergessen werden, dass ein gewisser Hang zum Fatalismus noch aus der vorchristlichen Zeit herrührt, denn die vielen heidnischen Götter waren Garanten einer Vorsehung, die sich dem menschlichen Verständnis entzog. Der Einfluss griechischer Philosophen, etwa des Stoikers SENECA, ist zumindest im Süden deutlich erkennbar. Das Spannungsverhältnis zwischen Eigenverantwortung und Fatalismus ist in der Theologie und Philosophie seit dem Mittelalter immer wieder analysiert und diskutiert worden – es sei als ein wichtiges Beispiel lediglich an die Bedeutung des freien Willens und der göttlichen Vorsehung in der Scholastik erinnert. Der Katholizismus als Religion des Gehorsams und der Fürsorge fördert im Übrigen den Individualismus und die familiären Bindungen (Vater/Mutter-Beziehung), die auch in den religiösen Konstellationen (Maria als Mutter der Kirche) zum Ausdruck kommen. Damit verstärkt der Katholizismus die ohnehin vorhandene Tendenz der italienischen Gesellschaft, sich analog zu familiären Strukturen zu organisieren.

3 Einstellung zum Leben

Renaissancekultur

Mit der Epoche der Renaissance geht von Italien die Vorstellung aus, der Mensch stehe im Mittelpunkt des Universums. Es entsteht das Bild eines Prototyps des idealen Menschen, der die moralischen Qualitäten des Christentums und der heidnischen Antike in sich vereint. So entdeckt man das Äußerliche des Menschen neu, dem in Literatur und darstellender Kunst große Aufmerksamkeit gewidmet wird. Die äußerliche Erscheinung wird somit gegenüber dem Inneren des Menschen, das für die mittelalterliche Sicht im Zentrum des Interesses steht, emanzipiert. Die Aufmerksamkeit, die man der äußerlichen Beschreibung des Menschen widmet, erstreckt sich auch auf das gute Benehmen. Die Frage des angenehmen und angemessenen Verhaltens bei Hof und in der Gesellschaft ist Gegenstand zahlreicher Abhandlungen – man denke etwa an den berühmten Traktat *Der Hofmann* (*Il cortegiano*, 1528) von BALDASSARRE CASTIGLIONE (s. Infobox S. 98). Die Beachtung höflichen Verhaltens reicht bis zu kommunikativen Formen im Alltag, die sehr nah an Schmeichelei oder Heuchelei heranreichen und von nördlichen Kulturen oft als unangenehm und übertrieben empfunden werden. In der Tat nimmt man in diesem Verständnis von angemessenem Verhalten eine höfliche Lüge gern in Kauf, wenn sie einem angenehmeren und gepflegteren Umgang der Menschen untereinander dient. Dies ist einer der Hauptgründe, warum die verbale Komunikation in Italien vorwiegend als Ausdruck einer Persönlichkeit und nicht als Übermittlung von sachlichen Informationen verstanden wird. Daher gilt die deutsche Direktheit, die sich auf Sachinformationen kon-

zentriert, nicht nur als unangenehm und aggressiv, sondern als völlig ungeeignet, um eine feste persönliche Bindung zwischen Individuen aufzubauen, die über punktuelle Interessen hinausgeht. Jede auch alltägliche Situation erfordert jenen *garbo*, der das Zusammenleben verträglicher und genussvoller gestaltet.
Wie in der Renaissancekultur bleibt es auch in der italienischen Kultur der Moderne das Ziel, breites eklektizistisches Wissen und entsprechendes Handeln zu gewährleisten. Dabei kommt die antike moralische Vorstellung zur Wirkung, dass man im Leben wie im Krieg nicht aus Pflichtgefühl, sondern aus Ehrgefühl handeln solle. Mittelalterlicher Mystizismus und römischer Ruhm, wobei Ruhm als Unsterblichkeit dank List und Klugheit verstanden wird, sind die beiden Motive der großen Persönlichkeiten der italienischen Geschichte, auch wenn ihre Größe sich bisweilen auf tragische Ereignisse gründet (man denke an MUSSOLINI oder COLA DI RIENZO). Besonders die großen Kriegsherren, die mit ihrem Tun Ruhm erlangen wollen, handeln mit verzweifelter Entschlossenheit und lassen dabei die Liebe zur Wahrheit und Aufrichtigkeit vermissen – ein Laster, das in diesem Fall die Protagonisten mit dem Publikum gemein haben. Seit der glänzenden Renaissancekultur hat sich somit ein modellhaftes moralisches Ideal ausgebildet, das durch Extreme gekennzeichnet ist: Die ideale Persönlichkeit, der es nachzueifern gilt, ist entschlossen ehrgeizig und menschlich, liebt das Abenteuer wie den heimischen Herd, ist Vater und Don Giovanni zugleich. Das Leben wird nicht *mit* Leidenschaft, sondern *als* Leidenschaft gelebt, und wenn dies auch erhebliche Einbußen bedeutet, so doch niemals den Verlust des Gefühls für das Leben selbst. JAKOB BURCKHARDT (1818–1897) hat behauptet, dass der Hauptgrund für die italienische „Amoralität" in der überschwenglichen Fantasie, aus der sich die kollektive Mentalität speise, zu suchen sei. Die Liebe etwa löse Eifersucht und Rache aus, wenn sie als Leidenschaft gelebt würde, könne aber genauso als starke, platonische mittelalterliche Liebe auftreten, die durch Ritterlichkeit und Uneigennutz gekennzeichnet ist.

Das Leben als Schauspiel

Schauspiel findet in Italien dauernd und überall statt: im Alltag, auf der Straße, sobald sich jemand als Publikum finden lässt und notfalls auch als Selbstzweck. Alles das, was man nach außen zur Schau stellt, ist für das Individuum wie eine Inszenierung, bei der die semiotische Kommunikation höher zu bewerten ist als die sprachliche. Die Selbstdarstellung jedes Einzelnen wird durch einen allgemein dramatisch und künstlerisch aufgeladenen Kontext der Gesellschaft verstärkt. Dadurch können auch kleine Gesten, die alles andere als spektakulär wirken, ungeahnte Effekte haben. In der Tendenz zur Dramatisierung des Alltags kann man erneut ein Indiz dafür sehen, dass Italiener nicht unbedingt Optimisten sind, sondern vielmehr Schicksalsschläge fürchten, die sie dann allerdings geduldig und resigniert hinzunehmen in der Lage sind: Die dramatische Gestaltung des Alltags wäre somit Ausdruck des Versuchs, das Leben angenehmer und erträglicher zu gestalten. Das allgegenwärtige Schauspiel ist für Italiener unmittelbar einsichtig und durchschaubar – nicht so für jene Menschen, denen die Inszenierung des Lebens noch fremd ist. Wer in diesem System aufgewachsen ist, kann durch die dauernde Selbstdarstellung der Bürger und anhand von Kleidung oder Accessoires sogar die Zugehörigkeit zu bestimmten sozialen Klassen oder Berufsgruppen erkennen. Italiener im Ausland erkennen sich gegenseitig durch bloßen Blickkontakt, ohne dass ein Wort gewechselt wird. Der Journalist Barzini benutzt zur Beschreibung dieses Phänomens den Begriff *Barock*, mit dem er typisch italienische Blick- und Gefühlsgewohnheiten charakterisiert. Barock als Kunststil entwickelt sich in Italien seit der Herrschaft des spanischen Königs CARLOS I und besteht vor allem in der Vorherrschaft plastischer Effekte in allen Künsten, in Malerei, Architektur, Bildhauerei und Literatur. Stellvertretend sei auf die Bedeutung des *trompe l'oeil* in der barocken Kunst hingewiesen. Der Barock ist auch die Epoche, in der die Bürokratie überwiegt und die kriegerischen Auseinandersetzungen im lokalen Maßstab abnehmen, weil Verhandlungen nun am grünen Tisch stattfinden, wo die Individualität des (Renaissance-)Helden vor dem Konformismus der Bürokraten in den Hintergrund tritt. Adelstitel werden nicht auf dem Schlachtfeld erkämpft, sondern als Gegenleistung für treue Unterstützung der Fürsten vergeben, und mit der Zugehörigkeit zur adeligen Klasse sind kaum mehr Pflichten gegenüber den Schwachen, wohl aber Rechte und Privilegien verbunden. Die Selbstinszenierung der bedeutenden Familien ist für diese Epoche charakteristisch, in der prächtige Paläste, pompöse Theaterfeste und Operninszenierungen die Macht der Wenigen zur Schau stellen. Die barocke Gesellschaft ist deutlich unterteilt in die wenigen Privilegierten, Adelige und Reiche, und das elende und ausgebeutete einfache Volk, das gleichzeitig von der gegenreformatorischen Kirche, von der Bürokratie und den lokalen politischen Machthabern bedrängt und kontrolliert wird.

Das Erbe des Barock

In diesem Kontext muss das barocke Schauspiel und die dramatische Selbstinszenierung der Großen gesehen werden, eine Zurschaustellung, die auch für das einfache Volk zu einem greifbaren Genuss werden kann. Die Darstellung der Wirklichkeit ist nunmehr das Werk großer Künstler, die ihre Phantasie ins Bild setzen: MICHELANGELO, CELLINI, PALLADIO, TIZIAN, um nur die bekanntesten zu nennen. Die Gleichsetzung von äußerer Erscheinung (Repräsentation) und Wirklichkeit gilt in der italienischen Gesellschaft bis in die Gegenwart: Als mit dem ersten Wirtschaftswunder Ende der 50er Jahre plötzlich auch den Arbeiterfamilien Geld zur Verfügung stand, investierten diese nicht etwa in Wohneigentum oder bessere Ernährung, sondern vor allem in völlig unnütze Luxusgüter, d. h. Statussymbole. Der äußerliche Glanz und der gute Ton, den man um jeden Preis in den Familien wahren möchte, verbirgt oft die Angst, ins Elend abzugleiten. Was bleibt also heute von der barocken Epoche? Vor allem die dauernde Selbstdarstellung, der tief empfundene Wunsch, Schönheit zu besitzen, zudem ein vages Gefühl der Eleganz, eine Tendenz zur äußerlichen Oberflächlichkeit, die sich bis ins Detail des alltäglichen Lebens auswirken kann. Dieser Wunsch nach Inszenierung der eigenen Person, des eigenen Körpers, erklärt die blühende Bekleidungsindustrie in Italien, die sowohl Stoffe und Juwelen immer ausgefallenerer Qualität bereitstellt als auch stets neue Waren zu erschwinglichen Preisen. Der Wunsch nach einer bühnenreifen Schönheit lässt zudem die Fitnessstudios ebenso florieren wie die Schönheitschirurgie – und beide sind Aspekte jener Selbstillusion, die darauf abzielt, die „Tragödie der menschlichen Existenz" erträglicher zu gestalten.

Humor

Humor und humorvoller Umgang mit der Welt wurde bereits im Zusammenhang mit dem Selbstbild Italiens als wichtiges Element der italienischen Kultur erwähnt. Vor allem in der Außenperspektive wird diese Eigenschaft mit einer gewissen Unbekümmertheit und typisch italienischer Leichtlebigkeit in Verbindung gebracht. Es gibt hingegen gute Gründe für die Überzeugung, dass die humoristische Lebenseinstellung vielmehr in direktem Zusammenhang mit dem melancholischen und pessimistischen Grundtenor zu sehen ist, der das kollektive Lebensgefühl in Italien prägt. Genau wie der Hang zum Theatralischen ist der Humorismus in diesem Sinne eine Möglichkeit, den Widrigkeiten des Lebens zu begegnen, wobei im Unterschied zum Theater die negativen/unmoralischen Gedanken nicht abgelenkt oder umgelenkt, sondern vielmehr bewusst bearbeitet werden. Wie der sizilianische Dichter und Philosoph LUIGI PIRANDELLO in seinem berühmten Aufsatz *Der Humorismus* (*L'umorismo*, 1908) ausführt, besteht der Humorismus im Nachdenken über ein Ereignis, das nicht mit den Erwartungen übereinstimmt und von der Normalität abweicht, womit der unmittelbar komische Eindruck zu einem bewussten Gefühl wird. Das Lachen hat zudem die Funktion, das, wovor wir Angst haben, zu bannen und ihm damit einen Teil seiner Macht zu nehmen. Wenn Italiener über alles und auch über sich selbst lachen können, so wird durch das Lachen über die eigenen Schwächen ein kommunikativer Kontakt mit anderen geschaffen, durch den Verständnis und auch Nachsicht erlangt werden können. Das

Lachen stärkt jenes Gefühl der Komplizenschaft, die auch durch den Blick hergestellt wird. Aber das Gelächter hat in der italienischen Kultur natürlich nicht nur positive Effekte und Motive: Seit dem Mittelalter war es vor allem in den höheren Schichten Brauch, Gegner nicht nur durch Klugheit und Machtausübung zu besiegen, sondern auch durch boshafte Streiche lächerlich zu machen. Dabei ging es nicht nur darum, die eigene Überlegenheit zu demonstrieren, sondern den Widersacher auch der öffentlichen Schande auszusetzen. Daher rührt eine sehr lange und reiche literarische Tradition des kurzen, witzigen Spruchs (*motto di spirito*), der vor allem in satirischen Gedichten und Kurztexten zur Perfektion entwickelt wird. Dabei ist die italienische Satire vorwiegend auf Individuen gerichtet, und weit weniger gegen bestimmte soziale Klassen (wie es für die französische Satire der Fall ist). Ziel ist es somit, zum Lächeln oder Lachen über ein bestimmtes Opfer zu verleiten. Nur in der römischen Literatur hat sich eine Form kollektiver Satire gehalten, die dem Groll des Volkes gegen die Großen der Stadt, gegen unwürdige Prälaten oder Adelige Ausdruck verleiht. Im Allgemeinen findet vor allem die Lust am Gelächter, am mehr oder minder feinsinnigen Spaß zu Lasten Dritter in der Literatur ihren Platz, in den Novellen eines FRANCO SACCHETTI nicht weniger als in der Dichtung eines FRANCESCO BERNI oder PIETRO ARETINO. Man lacht über die Imitationen norditalienischer Dialekte, über dreiste Frechheit, über derbe Intrigen, über Flüche oder Obszönitäten. Damals wie heute geht es darum, durch das Gelächter die Komplizenschaft des Publikums zu erlangen und als Autor (und/oder Schauspieler) besonders faszinierend zu wirken. Seit der Renaissance werden die Possenreißer offiziell als solche anerkannt und somit zu öffentlichen Persönlichkeiten erhoben. Wem es gelingt, durch den feinsinnigen Gebrauch des *motto di spirito* (auch wenn damit gesellschaftliche Tabus gebrochen werden) Ruhm zu erlangen, der erhält von Hof und Kirche beachtliche Privilegien und wird zum gesuchten Gesprächspartner, der über alles mit feiner Ironie zu sinnieren vermag. Seit dem Ende des 16. Jhs. jedoch wird die Spaßmacherei allmählich Selbstzweck und mündet in die Komik um der Komik willen. Dass die Vorliebe für diese Form bis heute ungebrochen anhält, zeigt ein Blick auf die Allgegenwart der mehr oder minder lustigen Fernsehshows, die vom *non-sense* leben und in Italien zu einer eigenen Gattung geworden sind.

3 Positive Konsequenzen der kollektiven Dispositionen und Verhaltensweisen für die Wirtschaft

Positive Auswirkungen

Einige der Merkmale sozialer Strukturen und kollektiver Einstellungen bzw. Verhaltensweisen in Italien wirken sich auf die Entwicklung und die Besonderheiten der italienischen Wirtschaft unmittelbar aus. Gerade weil solche Eigenheiten wie die familiäre Grundstruktur, das geringe Vertrauen in staatliche Strukturen und die geringe Planbarkeit des Lebens (die wir auf einen gewissen Hang zum Fatalismus zurückgeführt haben) in der Außenwahrnehmung häufig Misstrauen und Unverständnis hervorrufen, seien im Folgenden die positiven Auswirkungen in den Vordergrund gestellt. Dass dieselben mentalen Dispositionen auch zu negativen Effekten führen können, wird anhand des Phänomens der Mafia im nächsten Teilkapitel erläutert.

Strukturwandel

Für lange Zeit ist Italien ein Land, in dem die Industrialisierung nur langsam und regional sehr unterschiedlich vollzogen wird. Vor allem das 19. Jh. ist, besonders im Süden, durch eine weitgehende Beibehaltung landwirtschaftlicher Produktion und der entsprechenden familiären Sozialstruktur gekennzeichnet. Erst nach dem 2. Weltkrieg vollzieht sich der Übergang zur industriellen Gesellschaft vollständig. Nur noch 11 % der Bevölkerung sind heute in der Landwirtschaft tätig. Nachdem anfangs vor allem die Großbetriebe wie FIAT, Olivetti und Pirelli durch starkes Wachstum zur Wirtschaftskraft Italiens nach 1945 beitragen, geraten gerade diese Unternehmen durch die Gewerkschaftsbewegung und die Ölkrise Mitte der 70er Jahre in eine tiefe Krise. Mit den 80er Jahren dann beginnt das zweite italienische Wirtschaftswunder: Aufgrund einer Vielzahl kleiner und mittelständischer Unternehmen gelangt Italien in der Rangliste des Bruttosozialprodukts auf den 5. Platz in der Weltwirtschaft. Dieser Modernisierungsschub der italienischen Privatwirtschaft, der durch die in den 90er Jahren erfolgte (teilweise) Privatisierung der ehemaligen Staatsbetriebe noch mehr Schwung bekommt, beruht auf einigen für die italienische Kultur typischen Grundsätzen. Man orientiert sich bewusst nicht mehr an den übergroßen Konzernen, die den Übergang von einer familiär strukturierten Firma zum global tätigen internationalen Unternehmen nur schwer und unbefriedigend vollziehen. Die Stärken der italienischen Unternehmen liegen vielmehr in einer großen Flexibilität, in der Dezentralisierung und zudem in einer besonderen Gewichtung des Designs. Ein berühmtes Beispiel für diese neue Tendenz ist der in seiner Struktur und Ausrichtung charakteristische Fall der Firma Benetton (s. Infobox S. 99).

Betrachtet man die Träger dieses neuen italienischen Wirtschaftswunders, so fällt auf, dass der Erfolg maßgeblich von kleinen (manchmal sehr kleinen) Firmen ausgeht, die nach dem Modell einer Familie organisiert sind – wobei Familie hier nicht ausschließlich biologisch definiert sein muss. Diese für die Gesellschaft insgesamt prägende Grundstruktur bleibt auch bei wachsender Größe des Unternehmens erhalten. Daher bestehen oft innerhalb der Gruppe Kommunikationsregeln, Vertrauensverhältnisse, Hierarchien, die von außen kaum durchschaubar und auch durch ein Organigramm nur unzureichend abbildbar sind. Eine geringe Regelungsdichte und die mentale Bereitschaft, angesichts der Unwägbarkeit des Lebens auf zu lange Vorausplanung zu verzichten, mögen das allseits lobend anerkannte Phänomen der großen Flexibilität italienischer Betriebe erklären.

Familiäre Führung

Die Tatsache, dass die Stärken der kleinen und mittleren Betriebe den Charakteristika der italienischen Gesellschaft zu entsprechen scheinen, hat große Unternehmen in den 90er Jahren dazu veranlasst, aus ihren eigenen Konzernen heraus die Bildung von kleinen Satellitenfirmen zu fördern. Dies hängt zwar auch mit tarifrechtlichen und gewerkschaftlichen Bedingungen zusammen, die bei kleinen Betrieben weniger lähmend als bei großen wirken, trägt aber vor allem der Tatsache Rechnung, dass besonders die italienische Industrie ihre Stärken in kleinen, familiär und flexibel strukturierten Unternehmen ausspielen kann. Das erklärt auch, warum erfolgreiche Unternehmen manchmal weiteres Wachstum (trotz höherer Umsatz- und Gewinnaussichten) ablehnen. Auch die regionale, mittlerweile sehr erfolgreiche Wirtschaftsförderung legt den Akzent auf kleinere Unternehmen.

Satelliten

4 Negative Konsequenzen: Das Phänomen Mafia

Der heutige Gebrauch des eingedeutschten Wortes *Mafia* ist weitgehend deckungsgleich mit *organisierte Kriminalität*. Der Begriff, der heute ausschließlich mit der Vorstellung von Gewalt und Kriminalität verbunden ist, hat im Laufe der Geschichte erhebliche Wandlungen durchgemacht. In der italienischen Sprache versteht man unter *mafia* noch in der zweiten Hälfte des 19. Jhs. eine individuelle Einstellung, die aus einer Überschätzung des Ichs bei einigen Mitgliedern der Gesellschaft resultiert (Di Lorenzo 1996) und das Aufbegehren einzelner Individuen gegenüber der öffentlichen Macht bezeichnet. Heute kann man aufgrund umfangreicher historischer und soziologischer Studien sagen, dass die Mafia als kulturelle Antwort auf historisch-politische Bedingungen zu

Historische Ursprünge

verstehen ist, eine kulturelle Antwort, die vorgegebene mentale und soziale Eigenheiten der süditalienischen Gesellschaft aufgreift und deformiert. Die Ursprünge der Mafia gehen bis in die Zeit der spanischen Herrschaft zurück, als die von den aus der Ferne regierenden Habsburgern geförderte Zersplitterung des Reiches in kleine Einheiten zu einer Stärkung lokaler Machtzentren und zu einem wachsenden Misstrauen gegenüber dem größeren Kollektiv (dem Staat) führte. Die Mafia entsteht somit als Antwort auf das punktuelle Bedürfnis nach Schutz und Fürsorge gegenüber einer momentanen politischen Macht (den Spaniern), breitet sich allerdings massiv und flächendeckend in einem Umfeld aus, wo familiaristische, klientelistische und partikularistische Strukturen fest verankert sind. Diese Sozialstruktur ist, wie wir gesehen haben, nicht nur das Ergebnis der aragonesischen, dann habsburgerischen Herrschaft, sondern ein Phänomen, das auf die Abfolge unterschiedlicher Fremdherrscher im Laufe der Jahrhunderte zurückgeht. Eine solche politische Geschichte hat der süditalienischen Gesellschaft ein schweres Erbe hinterlassen, das Fatalismus, Pessimismus, dauernde Unsicherheit, Misstrauen und Zukunftsängste einschließt (Di Lorenzo 1996). Eben diese Momente sind es, welche die Bevölkerung nach bekannten und zugänglichen Ansprechpartnern suchen lässt, die lokal verankert, nah genug und mit ausreichender Autorität ausgestattet sind, um den jeweiligen Bedürfnissen angemessenes Gehör zu schenken und gerechte Befriedigung zu verschaffen. Die Mafia fungiert in diesem Kontext als für alle Seiten kalkulierbarer und stabilisierender Ordnungsfaktor. Fast bis zum Ende des 19. Jhs. wird die Mafia daher von innen heraus als etwas grundsätzlich Positives, auf jeden Fall aber Nachvollziehbares angesehen. Hinzu kommt, dass die Mafia mit ihren prinzipiell konservativen, traditionalistischen und antimodernen Einstellungen einer Grundtendenz der süditalienischen Gesellschaft entgegenkommt. Daher wurde der Mafia auch der Name „ehrenvolle Gesellschaft" (*società onorata*) verliehen. Wie wir bereits dargestellt haben, beendete die politische Einigung Italiens keineswegs die soziale Grundstruktur des Klientelismus, dessen letzte Konsequenz die Mafia ist. Denn der Versuch, das Land auch ökonomisch, kulturell und sozial als Einheit zu konzipieren und eine solche Einheit herbeizuführen, wurde nicht konsequent genug verfolgt. Erst mit der Errichtung des starken faschistischen Staates wird die Mafia als soziales Phänomen vollständig an den Rand der Gesellschaft gedrängt und als kriminelle Vereinigung verstanden. Als mit Hilfe der Alliierten dann die Befreiung Süditaliens schnell voranschreitet (1943ff.), knüpft die Mafia nahtlos an die alten, immer noch latent vorhandenen Strukturen an.

Die Beendigung des faschistischen Staates, die Abkehr vom autoritären Staat und von der Monarchie bringt erhebliche Veränderungen mit sich. Der Übergang zur Demokratie und die damit verbundene Politisierung des Alltags ebenso wie die Ausweitung des Wahlrechts weist den Lokalpolitikern neue Funktionen zu. Die politischen Parteien lancieren sich mit Hilfe der modernen Massenmedien als Beschützer des Volkes und übernehmen damit eine Rolle, die bis dahin sehr gerne von der Mafia besetzt worden war. Dies hat wiederum zwei Konsequenzen: Dem Mafiaboss wird seine Existenzberechtigung entzogen, und deshalb sieht er sich gezwungen, sich eng mit herausragenden politischen Größen zu verbünden, um seinen Einfluss nicht gänzlich zu verlieren. Daher ist es bald schwer, die Fäden der lokalen und nationalen Politik von denen der kriminellen Vereinigung getrennt zu halten. Währenddessen vollzieht sich langsam aber sicher in den 60er und 70er Jahren eine neue Lebenseinstellung in Italien, eine mentale Wandlung, die den Übergang vom Entbehrungs- und Sparsamkeitsideal zur Suche nach Wohlstand und Vergnügen erlaubt. Diesem Prozess entkommt auch die neue Generation von *mafiosi* nicht, die dem Mythos von Konsum und Hedonismus anheimfallen und ihre Macht nicht mehr als Verantwortung gegenüber den Schutzbefohlenen, sondern als Mittel zur Erreichung persönlichen Reichtums und Prestiges verstehen.

Nachkriegszeit

Es ist oft gesagt worden, dass sich Mafia und Gesellschaft in Italien parallel entwickeln. Die Mafia nimmt immer neue Formen an und verbindet dabei Tradition mit Erneuerung, die ihr zu überleben erlaubt. In den vergangenen fünfzig Jahren kann man interessante Veränderungen beobachten: Solange die Mafia in einem überwiegend antimodernen Umfeld operiert und solange sie die lokalen moralischen Gepflogenheiten respektiert und sich zu eigen macht, wird sie von der lokalen Bevölkerung gleichermaßen gefürchtet und bewundert, von den Massenmedien zudem romantisiert. Seit den 60er Jahren jedoch, als sich die Organisation zu einem skrupellos nach ökonomischem Gewinn strebenden Unternehmen entwickelt, bricht die Unterstützung durch jene Teile der Bevölkerung, die nicht selbst unmittelbar in das System eingebunden sind, dramatisch ein. Die Mafia, als lokales Phänomen entstanden, wird nun national und international tätig. Zunächst gewinnt sie die Kontrolle über einzelne Sektoren der Wirtschaft wie die Bauindustrie und entwickelt anschließend eigenständiges unternehmerisches Denken – bekannt sind vor allem die Fälle der Grundstücks- und Bauspekulation. In den 90er Jahren dann vollzieht sich der Wandel zu international verschachtelten Holdings, die es erlauben, durch kriminelles Handeln erworbenes Geld durch legale Transaktionen zu waschen. Gerade in dem Moment,

Mafia und Gesellschaft

wo Wirtschaftsaktivitäten den ersten Rang in der neuen Werteskala der Mafia einnehmen und persönlicher Reichtum als Legitimation von Macht den traditionellen Ehrenkodex verdrängt, sehen einige Studien zur Mafia den Beginn des Zerfalls der Organisation.

Mentale Strukturen der Organisation

Die Einbindung in eine Sozialstruktur, die, wie bereits ausgeführt, als matriarchalische Gemeinschaft beschrieben werden kann, führt zu einer Lebensanschauung, die das Leben als vorübergehende Leihgabe versteht und dem Individuum von Geburt an die schwere Last der Todesgewissheit aufbürdet. Diese Gewissheit verleitet zu einem verzweifelten Fatalismus, der bis zur Handlungsunfähigkeit und zu dem Wunsch, gar nichts zu tun, führen kann – aber nicht aus Trägheit, sondern aus der Überzeugung der Ohnmacht heraus. Der Tod erscheint als eine dauernde latente Präsenz, die unseren Alltag begleitet und alles Handeln als prekär und relativ erscheinen lässt. Wer umgebracht wird oder eine ehrlose Person ermordet, erlangt nach diesem Verständnis Prestige für sich selbst und für die eigene Sippe. Der unausweichliche Tod wird nicht als totaler Schnitt mit der Welt der Lebenden angesehen, da der kultische Umgang mit den Verstorbenen auch heute noch im Süden Italiens bewusst gepflegt wird. Gerade weil der Tod als etwas Notwendiges und Unausweichliches gilt, wird man durch Mord lediglich zum Vollstrecker eines höheren Willens des Schicksals. Mit dieser Vorstellung vom Tod und der Unbeweglichkeit verbunden ist in der sizilianischen Kultur der Wunsch nach Vergessen und Schlaf. Auch die Aversion gegenüber Neuem, neuen Verfahrensweisen und Kommunikationsformen, führen zu einer resigniert-passiven Haltung gegenüber natürlichen oder politischen Ereignissen (Di Forti 1982).

Gruppenzusammenhalt

Allgemein kann die Mafia als ein sehr stark hierarchisiertes System bezeichnet werden, das von einer starken Solidarität innerhalb der Gruppe lebt und von dieser abhängt. Die Gruppe tritt als „mentale Gemeinschaft" in Erscheinung, die durch gemeinsame Ziele (in diesem Fall die Selbstverteidigung gegen den Staat) zusammengehalten wird. Die starke, an Blutsbrüderschaft erinnernde Verbindlichkeit innerhalb der Gruppe (*amicizia*) wird entweder durch ein Initiationsritual oder durch familiäre Verflechtung hergestellt (s. Infobox S. 99). Dabei wandelt sich die Gruppe von einer Freundesgemeinschaft zu einer Familiengemeinschaft, in der das Zusammengehörigkeitsgefühl nicht mehr rational begründet ist, sondern wie ein instinktiver Reflex wirkt. Daher ist auch die Anerkennung der Autorität des „Familienvorstands" garantiert: Der Einzelne lebt nicht mehr als isoliertes Individuum, sondern erhält seine Identität durch die Erfüllung einer Rolle in der Gruppe. So entsteht eine vertikale Sozialordnung, die ein starkes und bewusstes Gefühl der Zugehörigkeit einschließt, und in der sowohl Unterordnung als auch Machtausübung von oben bzw. von unten unwidersprochen akzeptiert werden. Macht und Autorität sind dabei sehr stark personalisiert. Der Boss wird als heroische Persönlichkeit betrachtet, den es nachzuahmen und in dessen Schutz es zu lernen und zu wachsen gilt, ohne dass dabei an völlige Emanzipation gedacht würde. Solch eine Mentalität verbreitet und nährt sich vor allem dort, wo der Staat als Garant von Stabilität und Gerechtigkeit zu lange abwesend ist, wo Volk und Machtinhaber zu weit voneinander entfernt sind und das Gesetz keine Gleichheit garantieren kann.

Doppelmoral

Die Organisation entwickelt sich also in Abgrenzung zum Staat und zum Schutz der Familieninteressen bzw. der Interessen jener Personen, die sich in den Schutz eines *padrino* stellen möchten. Die Mafia bietet eine regelrechte Brüderlichkeit innerhalb der Gruppe, die ihrerseits absolute Gefolgschaft und verschwiegene Zusammenarbeit (*omertà*) einfordert und sich gewaltsamer Methoden bei der Verfolgung der eigenen Interessen bedient. Auch hier finden wir erneut die Struktur der doppelten Moral: Nach innen gelten Treue und Brüderlichkeit, Schutz und Unterwerfung, nach außen herrschen Bedrohung und Gewalt vor. Wer sich im Sinne der Mafia als Ehrenmann versteht, muss beide Teile dieses Systems akzeptieren und beherrschen, d.h. nach innen Schutz bieten und nach außen unnachgiebig erscheinen; nur so wird sein Verhalten die erforderliche Bewunderung auslösen.

Lebensstil

Der Lebensstil des *mafioso* ist durch sehr traditionelle Regeln und konservative Werte geprägt, die übermäßigen Hedonismus oder lockere Sitten verbieten. So gelten bis in die 80er Jahre sehr strenge Vorschriften für das Familienleben eines *mafioso*. Fast heiliger Respekt umgibt die Ehefrau, die vor allem die Rolle der Mutter und der treuen Hüterin aller Geheimnisse des Gatten zu spielen hat. Außereheliche Beziehungen werden verabscheut, ganz besonders, wenn sie öffentlich zur Schau gestellt werden und damit Anlass zu Skandalen geben.
Auch im Umgang mit Mitgliedern anderer Mafia-Familien gelten strenge Vorschriften: Konflikte müssen, soweit möglich, vermieden werden und töten darf man nur in Fällen absoluter Notwendigkeit. Selbst im Konfliktfall ist die Denunziation bei der Polizei ausgeschlossen.

Gewalt

Der Einsatz von Gewalt ist seitens der Organisation klar geregelt. Eigenwilliger Missbrauch wird nicht toleriert. Gewalt ist nur gerechtfertigt, wenn wiederholt ein Verhalten an den Tag gelegt wird, das von der Familie als unberechtigt eingestuft wird. Das Mittel, das von der Organisation am häufigsten eingesetzt wird, ist die Drohung, die meist zur Erlangung der Ziele ausreicht, weil man sich im Falle der Nichtbefolgung der Bestrafung sicher sein kann. Sobald Gewaltanwendung unausweichlich erscheint, kann man davon ausgehen, dass die Mafia mit besonderer, immer wieder überraschender Brutalität vorgeht, um ein Exempel zu statuieren. Außerdem achtet man auf die symbolische Aussagekraft der Art und Weise, wie Gewalt angewendet wird. Die enge Beziehung zwischen Ursache und Art der Strafe erlaubt es oft, besonders im Falle der Ermordung von Ehrenmännern, an der angewandten Methode die Gründe für die Bestrafung nachzuvollziehen.

Interne Kommunikation

Das Gesetz des Schweigens in Mafiakreisen (*omertà*) wurde bereits erwähnt. Diese Regel bezieht sich nicht nur auf Vorgänge innerhalb einer Familie, sondern erstreckt sich auch auf die Existenz der Organisation selbst. Sie hat zudem weit über die Kreise der Mafia hinaus Gültigkeit, denn in der meridionalen Tradition pflegt man das Schweigen mit dem Ideal der Männlichkeit in Verbindung zu bringen. Das Wort *omertà* selbst stammt nicht zufällig von dem spanischen Ausdruck *hombredad* (dt. Männlichkeit) ab. Das Ideal eines richtigen Mannes verweist somit auf die Eigenschaft, nicht schwatzhaft zu sein, womit indirekt die Neigung zu Klatsch und Tratsch als weibliches Laster gedacht wird. Die *omertà* als kommunikatives Prinzip kommt zudem einer stark individualistischen Gesellschaft entgegen, wo der Einzelne sich ungern in Dinge einmischt, die ihn nichts angehen, weil nur so für jeden die größtmögliche Handlungsfreiheit gewährleistet ist. Diese Tendenz zur Schweigsamkeit und Zurückhaltung gegenüber anderen fördert natürlich nicht gerade eine Dialogkultur und tatsächlich ist die Kommunikation innerhalb der Gruppe durch wenig Dialog gekennzeichnet. Kommunikation findet eher semiotisch als sprachlich statt; diese nichtsprachlichen Dialoge sind natürlich nur Gruppenmitgliedern verständlich, sodass die Kommunikationsabläufe für äußere Betrachter oft undurchdringlich und bruchstückhaft erscheinen.

5 Schlussfolgerungen

Synthese

Versucht man aus diesen vielen Aspekten der italienischen Gesellschaft und der kollektiven Einstellungen und Handlungsgewohnheiten die wesentlichen Elemente noch einmal synthetisch zu bündeln, lässt sich Folgendes festhalten: Die Mitglieder der italienischen Gesellschaft neigen zum Individualismus, der in dichte Familienstrukturen eingebunden ist. Mit den Werten der

Renaissance öffnet sich die italienische Kultur der Moderne. In dieser Phase erlangt die physische, äußerliche Welt zunehmend an Bedeutung und fördert Egoismus und Hedonismus. Trotz aller Modernisierung bleibt jedoch eine starke Tradition lebendig, die bis in die Gegenwart hinein an religiöse Devotion und den Gedanken der Buße anknüpft.
Es darf nicht vergessen werden, dass die italienische Kultur das Ergebnis unterschiedlichster Kulturkontakte im Mittelmeerraum ist, die bisweilen befruchtend, bisweilen kriegerisch waren. Die heutige Realität ist zudem durch den nivellierenden Einfluss der modernen Massenmedien geprägt, ein hybrides Produkt aus einer industriellen und postindustriellen Wirtschaft, die zwischen Wohlstand und Kollaps hin- und herschwankt, und einer Mentalität, die trotz allen Fortschritts noch an die Tradition und damit an die Negierung der Modernität geknüpft ist.
Die Fantasie mag sehr wohl, wie es Jakob Burckhardt gesagt hat, schädliche Spuren in der kollektiven Bildung des Volkes hinterlassen haben. Aber auch ganz handfeste historische Umstände haben dazu beigetragen, dass in Italien der Repräsentation mehr Bedeutung beigemessen wird als der Realität, dass man in der Öffentlichkeit gerne oberflächlich erscheint und doch im Privaten sehr ernsthaft ist, dass man mit Gelächter den Angstschrei vor der existentiellen oder momentanen Misere übertönen will.

Literatur

Abraham 1973, Alcaro 1999, Bachofen 1954, Bonifazi 1998, Buzzi/Cavalli/De Lillo 1997, Di Forti 1982, Di Lorenzo 1996, Pitocco 1996, Veyne 1992.

Baldassar Castiglione (1478–1529)
ist der bedeutendste Theoretiker der höfischen Kultur in Italien. Als Spross einer adligen Familie verkörpert er selbst die Rolle eines Ritters, der im Gebrauch der Waffen – er kämpfte in Diensten der Gonzaga – ebenso geschult ist wie in körperlichen und geistigen Fähigkeiten. Mehr als ein Jahrzehnt verbringt er am damals besonders vorbildlichen Hof von Urbino, wo auch die meisten seiner literarischen Werke entstehen. In ganz Europa berühmt wird Castiglione durch sein zwischen 1507 und 1518 verfasstes Werk *Il cortegiano*, das erst 1528 erscheint. In vier Kapiteln debattiert eine Gruppe von weiblichen und männlichen Höflingen über die Anforderungen an den perfekten Hofmann und die ideale *donna di palazzo*. Auffällig ist die Suche nach möglichst breit gestreuten Talenten und Fähigkeiten. Gelehrsamkeit schlägt in dieser Konzeption in Pedanterie um, sobald sie die Regeln der lockeren, leichten und abwechslungsreichen Konversation verletzt. Die zentrale Qualität von Hofmann und Hofdame ist die *grazia*, eine ungezwungene und natürlich wirkende Anmut in allen Situationen. Angenehmes Äußeres, tolerantes und witziges Gespräch, Klugheit und Augenmaß gehören zu den wichtigsten Eigenschaften.
Der *Cortegiano* wurde schnell über die Grenzen Italiens hinaus bekannt und häufig übersetzt. Auch wenn das Ideal des Höflings natürlich an eine bestimmte gesellschaftliche Realität – die adelige Welt der Renaissance – gebunden ist, erwies sich Castigliones Vorstellung von Höflichkeit doch als flexibel genug, um in die späteren und historisch verschiedenen Ideale des *honnête homme* oder des *gentleman* Eingang zu finden.

Magische Initiation

Die organisierte Kriminalität existiert, regional ausdifferenziert, in Form von geheimen Gruppen mit starken Regeln nach innen und nach außen. Der Beitritt zu solch einer Organisation hat für das neue Mitglied ebenso wie für die Gruppe insgesamt erhebliche Folgen. Um den unbedingten Gehorsam und damit den Zusammenhalt der Gruppe zu garantieren, werden neue Mitglieder harten Aufnahmeritualen unterworfen. Giovanni Falcone, der von der Mafia ermordete Staatsanwalt, hat in einem Buch über die sizilianische Mafia *cosa nostra* ein solches Ritual geschildert.

Der Neuling, der unter den Mitgliedern der Familie einen *padrino* ausgewählt hat, nimmt ein Heiligenbild in die Hand und schwört feierlich, die Schwachen zu beschützen und nicht die Frau eines Anderen zu begehren. Die Hand, mit der er schießt, wird an einem Finger angeritzt, so dass Blut fließt. Das Blut muss das Heiligenbild beflecken (oft ist es eine Abbildung der *Maria dell'Annunziata*, der Schutzpatronin von *cosa nostra*). Anschließend wird das Bild angezündet, und während der Neuling es brennend in der Hand hält, muss er sein Versprechen wiederholen, die Organisation nicht zu verraten – anderenfalls verdiene er, wie das Heiligenbild verbrannt zu werden.

Bennetton

Das Familienunternehmen Benetton gehört zu den großen Erfolgsgeschichten der neuen italienischen Wirtschaft. In rasender Geschwindigkeit wuchs die Firma, die mit dem Verkauf von selbstgestrickten Pullovern Anfang der 60er Jahre begann, zu einem weltweit agierenden Konzern mit 7 Milliarden Euro Umsatz und 50.000 Mitarbeitern. Dabei änderte sich wenig an der Tatsache, dass es sich um einen regelrechten Familienbetrieb handelt. Alle Geschwister sind in dem Konzern tätig und die Familie hält 70 % der Aktien. Der Erfolg erklärt sich aus typischen Stärken der italienischen Wirtschaft: Geschwindigkeit in der Marktanpassung durch flache Hierarchie und familiäre Netzwerke, Originalität (Franchise-System) und Akzentuierung des Marketing. Universell bekannt wurde die Marke Benetton einerseits durch die Beteiligung an der Formel 1 (die mittlerweile aufgegeben wurde) und durch die schockierenden Werbekampagnen, in denen systematisch Tabus gebrochen wurden (Aids, Hunger usw.).

6 KAPITEL Die Rolle der Bildung in der italienischen Kultur

1 Bildung und Nation

1 Auf dem Weg zur Einheit

Bildung und Nationalstaat

Die modernen Nationalstaaten in Europa, und vor allem jene, die erst spät die staatliche Einheit erlangten, haben sich alle bemüht, den sozialen Zusammenhalt des Landes durch (mehr oder minder demokratisch ausformulierte) kollektive Bildungsgüter zu festigen. Vor allem mit der Industrialisierung und Liberalisierung im 19. Jh. steht das Thema Bildung ganz oben auf der politischen Tagesordnung. Bevor wir auf die Maßnahmen (Schulpflicht usw.) im Zusammenhang mit der politischen Staatenbildung zurückkommen, muss festgehalten werden, dass Bildung ganz wesentlich zur Vorbereitung der Kulturnation Italien beigetragen hat. Wie wir in Kap. 2 gesehen haben, ist die Überzeugung, durch das antike Erbe einen zivilisatorischen Vorsprung vor den politisch mächtigeren fremden Herrschern zu haben, ein fester Bestandteil des italienischen Selbstverständnisses. Dies ist einer der Gründe, warum den gebildeten Schichten (den Intellektuellen, dazu s.u.) bei der Ausbildung eines kulturellen Zusammengehörigkeitsgefühls der erst viel später politisch geeinten Nation eine große Rolle zukommt.

Literarische Kanonbildung

Früher als in irgendeiner anderen nachantiken Kultur wird in Italien ein Bildungskanon aufgestellt. Dabei wird die lateinische Kultur nicht nur als Vorbild, sondern auch als noch in Resten lebendiger Vorläufer verstanden. Bildung ist für lange Zeit gleichbedeutend mit literarischer Kompetenz, die wiederum im Vergleich mit der lateinischen Literatur gemessen wird. Mit dem Werk des Florentiner Dichters DANTE ALIGHIERI, das teils in lateinischer, teils in italienischer Sprache (in *volgare*) verfasst ist, beginnt die zunächst inneritalienische Kanonbildung. Die der nachfolgenden Generation zugehörigen Dichter FRANCESCO PETRARCA und GIOVANNI BOCCACCIO entwickeln die von DANTE kraftvoll entworfene Literatursprache weiter, arbeiten intensiv an seinem Werk und bringen humanistische, d.h. durch die direkte Auseinandersetzung mit lateinischen Quellen gewonnene Kenntnisse mit ein. Vor allem PETRARCA und BOCCACCIO werden sehr schnell, bald auch über die Grenzen des italienischen Sprachraums hinaus, sprachliche und literarische Vorbilder. Die heutige italienische Standardsprache unterscheidet sich aufgrund dieser sehr frühzeitigen Kanonisierung, der eine schrittweise bewusste Festschreibung in späteren

Jahrhunderten folgt, relativ wenig vom Italienischen des 14. Jhs. Durch die Homogenisierung der Kunstsprache, die für alle Literaten gleichermaßen gilt, gleich ob sie in Sizilien, Florenz oder Rom schreiben, kann eine gewisse „Nationalisierung" erreicht werden, die neben die sehr vielfältige Sprachlandschaft des Landes tritt. Nachdem die italienische Sprache vor allem in der Dichtung das Provenzalische, die erste nachantike Dichtungssprache überhaupt, abgelöst hat, und insbesondere mit der Renaissance wird Italien zur vorbildlichen Bildungsnation unter allen europäischen Kulturnationen. Sowohl das Selbstverständnis Italiens als auch die dann sehr positive Fremdwahrnehmung hängen mit der Rolle der Bildung in dieser Gesellschaft zusammen. Natürlich ist die einheitliche (poetische) Sprache zunächst nur das Privileg der schmalen Elite, aber aus diesem jahrhundertealten Erfahrungsschatz und aus dem in dieser Sprache verfassten Bildungsgut gehen dann im 19. und 20. Jh. die italienische, für alle Italiener gültige Standardsprache sowie die kollektive kulturelle Erinnerung hervor.

Gemeinsame Sprache

Die Herstellung einer möglichst breiten Bildungsschicht, die dem italienischen Staat erst die innere, d. h. kulturelle Kohäsion würde geben können, ist somit oberste Priorität. Es versteht sich von selbst, dass hierbei die Schule eine zentrale Aufgabe zu übernehmen hat, die sie allerdings nur erfüllen kann, wenn die Stärkung einer im ganzen Land verstandenen, geschriebenen und später dann auch gesprochenen Sprache erreicht wird. Umgekehrt gilt auch, dass gerade die allgemeine Schulpflicht die Voraussetzung für die Verbreitung der gemeinsamen Sprache ist. Die Homogenisierung der geschriebenen und in noch höherem Maße die gesprochene Sprache vollzieht sich nur sehr langsam, da die Alphabetisierung nur schrittweise vorankommt. Das moderne Massenmedium Fernsehen beschleunigt in der Nachkriegszeit die Vereinheitlichung der italienischen Standardsprache.

2 Funktionen der Schule

Alphabetisierung

Als das geeinte Königreich Italien ausgerufen wird, sind landesweit ca. 75 % Analphabeten, im Süden bis zu 90 % zu konstatieren. Dramatischer als in anderen Staaten, die früher und breiter industrialisiert worden waren, stellt sich somit die Aufgabe der schulischen Grundausbildung. Bereits 1859 hatte der Minister Casati in Piemont die kostenlose Grundschule für alle Bürger verordnet, wobei auffällig und wichtig ist, dass es ein und dieselbe Grundschule für alle sein sollte. Eine Selektion im Sinne einer Elitenbildung findet in diesem Gesetz erst in der weiterführenden Schule (dem *liceo*) statt, das nur die besten Schüler besuchen können. 1870 wird die Schulpflicht eingeführt, die allerdings zunächst (vor allem in den ländlichen Gebieten, wo die Kinder bei der Arbeit helfen müssen) mehr frommer Wunsch als kulturelle Wirklichkeit bleibt. Ganz entscheidend – und damals keineswegs selbstverständlich – ist die Demokratisierung der Grundschule, die natürlich in erster Linie auch dazu dienen soll, allen Bürgern des Königreiches die Chance zu vermitteln, in einer gemeinsamen Sprache zu kommunizieren und so an einer nationalen Kultur, gleich auf welchem Bildungsniveau, teilzuhaben. 1868 wird eine Kommission unter Leitung des Dichters ALESSANDRO MANZONI eingesetzt, die Vorschläge zur Verankerung der gemeinsamen italienischen Standardsprache im ganzen Land ausarbeiten soll. Eine Sprache für ein Volk in einer Kultur in einem gemeinsamen Staat – so könnte man das Programm zusammenfassen. Der Erfolg dieser Generationenaufgabe stellt sich jedoch nur langsam ein: 1911 beträgt die Alphabetisierung ca. 60%, 1961 etwa 92%, wobei von einem starken Nord-Süd-Gefälle auszugehen ist (KOCH/OESTERREICHER 1990). Der durchaus demokratische und fortschrittliche Wunsch, eine flächendeckende Alphabetisierung zu erreichen, scheitert vor allem an der mangelhaften Grundversorgung der Bevölkerung. Solange Hunger eine reale Bedrohung für weite Teile vor allem der ländlichen Regionen im Süden des Landes ist, bleiben Bildungsinitiativen ohne Wirkung. Umgekehrt gilt allerdings auch, dass ohne eine minimale Grundausbildung nur schwerlich eine Verbesserung der Lebensbedingungen in der modernen Welt zu erreichen ist. Im Rückblick erweist sich der Versuch, sofort eine einheitliche Schule für alle Regionen des geeinten Italiens zu gründen, als unangemessen. Zu unterschiedlich waren die Voraussetzungen und die konkreten Lebensbedingungen in den einzelnen Landesteilen, als dass die in den fortschrittlichen Gebieten Piemont und Lombardei entwickelten Konzepte überall hätten Erfolg haben können.

Il Cuore

Einer der größten ökonomischen Bucherfolge des 19. Jhs. in Italien ist ein Werk, das mit unserem Thema unmittelbar verbunden ist: Es handelt sich um den Roman *Il Cuore* (1886) von EDMONDO DE AMICIS (1846–1908). In der Form des Tagebuchs eines Grundschülers erlebt der Leser ein ganzes Schuljahr im noch jungen Einheitsstaat Italien detailliert mit. Die Beobachtungen des Jungen sind durch Briefe der Eltern und monatliche Schriftstücke des Lehrers ergänzt. Wie in einem Mikrokosmos werden die Probleme, Werte, Differenzen und gemeinsamen Sorgen der italienischen Bürger in dieser Schulklasse abgebildet. Es ist ein sehr didaktischer Text, der nicht nur die Sprachenfrage, sondern auch die Frage nach den einheitsstiftenden nationalen Werten stellt. Die sozialen Gruppen sollen ebenso in einem gemeinsamen Ziel zusammengeführt werden wie die Regionalsprachen in einer nationalen Standardsprache. Die Bedeutung des Buches für die ersten Generationen im geeinten Italien kann kaum überschätzt werden; die Auflagenhöhe von über einer Million Exemplare zeigt dies ebenso wie die Tatsache, dass *Il cuore* in den Schulen des Landes zur Pflichtlektüre wurde. Ideologisch wird die Nation auf verbindliche Werte eingeschworen, die man als katholisch und gemäßigt liberal bezeichnen kann.

Schule im Faschismus

Zu Beginn des 20. Jhs. besucht ein italienisches Kind (theoretisch) eine fünfjährige Grundschule und kann dann weitere drei Jahre in die *scuola media* (Mittelschule) gehen. Nur wenige werden zum *liceo* (Gymnasium) zugelassen und können somit eine Studienberechtigung erlangen. Die Selektion über das Schulsystem wird unter dem faschistischen Regime und namentlich dem einflussreichen Erziehungsminister GIOVANNI GENTILE (1875–1944, Minister 1922–1924) noch verstärkt. Schon in der *scuola media* wird Philosophie als Unterrichtsfach eingeführt und der Lateinunterricht verstärkt. Diese Gewichtung steht in Zusammenhang mit einem an der Antike (und der eigenen Geschichte) ausgerichteten Bildungsideal. Nicht Modernisierung ist GENTILES oberstes Ziel, sondern die Stärkung einer an Rom anknüpfenden *italianità* durch humanistische Bildung. Die nach der politischen Nationalstaatsbildung im Vordergrund stehende Demokratisierung und Homogenisierung der Bildung wird somit durch bewusste Elitenbildung abgelöst. In der Tat gehen daraufhin die Schülerzahlen in den weiterführenden Schulen ebenso zurück wie die Studentenzahlen. Ein Akzent der Modernisierung wird durch die Schaffung eines zweiten Gymnasientyps, des *liceo scientifico* (naturwissenschaftliches Gymnasium), gesetzt, das allerdings nur zu einer eingeschränkten Hochschulreife führt.
Folgenreich ist das Zugeständnis an die katholische Kirche, demzufolge auch private Hochschulen existieren dürfen und vom Staat anerkannt werden. Noch heute bestehen private, teils kirchliche Hochschulen (übrigens auch allgemeinbildende Schulen), die einen ausgezeichneten Ruf haben.

2 Status der Bildung heute

1 Elite durch Bildung

Klassische Bildung

Über lange Jahre hinweg wirken die Grundlagen der *riforma Gentile* nach. Bis in die Gegenwart hinein besteht das hohe Prestige des *liceo classico* fort, wobei der Selektion durch sehr anspruchsvollen Lateinunterricht in der Praxis große Bedeutung zukommt. In den letzten 5 Jahren der insgesamt 13 Schuljahre bis zum Abitur, die dem *liceo* entsprechen, entfallen im *liceo classico* fast 50% des Unterrichts auf die Fächer Italienisch, Latein und Griechisch. Sogar im *liceo scientifico* sind es noch 33% – ein deutliches Indiz für das ungebrochene Prestige der klassischen Bildung. Dies ist einer der Gründe, warum sich in Italien moderne Fremdsprachen nur langsam in der Schulbildung etabliert haben.

nozionismo

In Fachkreisen wird seit langer Zeit der italienischen Schule immer wieder ein Vorwurf gemacht, der mit dem Stichwort *nozionismo* verbunden ist. Damit ist die Tatsache gemeint, dass in der italienischen Ausbildung dem Faktenwissen viel Bedeutung zuerkannt wird, wohingegen der Anregung zu eigenständigem, kritischem Umgang mit dem Wissen geringeres Gewicht zukommt. Der Ursprung dieses Problems wird meist mit dem gegen Ende des 19. Jhs. vorherrschenden Positivismus in Verbindung gebracht. Diese Verbindung ist insofern unberechtigt, als die positivistische Wissenschaftslehre ausdrücklich auf die Fähigkeit abzielt, mit modernem Wissen bewusst und verantwortungsvoll umzugehen. Mehr als der vermeintlich unreflektierte Positivismus müssen die realen Bedingungen der Schule in Italien in Rechnung gestellt werden – wo es zuallererst um Alphabetisierung und minimale Grundausbildung geht, muss notgedrungen mit der Vermittlung wesentlicher Fakten begonnen werden (Geymonat 1970ff.). Die starke Zentralisierung der Schulverwaltung und die Festlegung der Lehrpläne durch das Bildungsministerium mögen die Tendenz zur Vermittlung von Faktenkenntnissen verstärkt haben. In der heutigen Diskussion um Schule und Bildung in Italien wird zwar immer noch mit dem Begriff *nozionismo* gearbeitet, aber eine Entwicklung zu mehr selbständigem Umgang mit Wissen ist in der höheren Schulbildung trotzdem deutlich erkennbar. Tatsache bleibt hingegen, dass in der Regel bei einem italienischen Abiturienten ein (im Vergleich mit deutschen) hoher Grad an Allgemeinbildung vorausgesetzt werden kann.

Demokratisierung

Erst im Jahre 1969 fällt das Privileg des *liceo classico*, die Schüler zur allgemeinen Hochschulreife zu führen. Heute besuchen alle die *scuola media* bis zum Ende der Schulpflicht (14 Jahre). Wer anschließend die fünfjährige *scuola secondaria superiore* besucht, gleich welcher Art, hat eine allgemeine Studienberechtigung. Durch diese Öffnung des Ausbildungssystems erreichen heute ca. 40% eines Jahrgangs in Italien das Abitur und die Universitäten sind seit Jahrzehnten hoffnungslos überlaufen. Bei den höheren Bildungseinrichtungen fällt auf, dass es innerhalb eines Schultyps keine individuellen Wahlmöglichkeiten oder parallele Schwerpunktsetzungen gibt. Die Stundentafel steht fest – dies ist etwa bei

Ausbildung in einer modernen Fremdsprache relevant, denn ein individuelles Profil (die Sprachenfolge im deutschen Schulsystem) kann nur durch Zusatzqualifikationen erreicht werden. Der Wunsch nach möglichst großer Gleichheit und Homogenisierung des Wissens kommt auch in den zentral vom Ministerium gestellten Abituraufgaben zum Ausdruck.

Private Schulen

Neben den staatlichen Schulen gibt es Schulen in privater Trägerschaft, die sich bis zu einem gewissen Grad der Homogenisierung des staatlichen Schulwesens entziehen bzw. eigene Akzente setzen können. Die meisten nichtstaatlichen Schulen in Italien werden von der katholischen Kirche verwaltet. Bis in die jüngste Vergangenheit hinein galt ihre Qualität als ausgezeichnet, wohingegen die Ausstattung der staatlichen Schulen viel zu wünschen übrig ließ. Wer eine private Schule besuchte, erhöhte seine Chancen, im *liceo classico* Erfolg zu haben und damit in die „Bildungselite" aufzusteigen. In den letzten Jahren allerdings erleiden die privaten Schulen, die keine staatlichen Zuschüsse bekommen, eine tiefe Finanzierungskrise. Die Zahl der Familien, die sich die hohen Gebühren leisten können, geht stetig zurück; die Schülerzahl hat sich in den 90er Jahren um zwei Drittel reduziert.

Elitehochschulen

Das Universitätssystem Italiens steht schon lange in der öffentlichen Kritik, ohne dass die offensichtlichen Missstände (zu viele Studenten, zu wenig Praxisbezug in der Ausbildung usw.) zu ernsthaften Reformversuchen geführt hätten. Zudem leiden die staatlichen Universitäten an der zentralistischen Steuerung durch das Ministerium, die eine ausdifferenzierte Profilbildung verhindert. So gibt es kaum ein *ranking* der besten Universitäten und nur wenige nichtstaatliche Hochschulen fallen durch ihre besondere Qualität auf. Für den Bereich der Wirtschafts- und Sozialwissenschaften ist dies die *Università Commerciale Luigi Bocconi* in Mailand, die auf eine private Stiftung zurückgeht. Das internationale Renommee garantiert den Absolventen exzellente Berufschancen. Neben den Wirtschaftswissenschaften bietet die *LUISS* (*Libera Università Internazionale degli Studi Sociali*, Rom) eine juristische und eine politikwissenschaftliche Fakultät. Die geringe Studentenzahl und die harte Aufnahmeprüfung garantieren hohe Motivation und gute Studienbedingungen. Die *Università Cattolica del Sacro Cuore* (kurz *la cattolica*) deckt das komplette traditionelle Fächerspektrum der Universität ab und versteht sich als Ausbildungszentrum für spätere Führungskräfte. Zudem gibt es zahlreiche *Università Pontificie* (Päpstliche Universitäten), an denen heute auch Laienstudenten ausgebildet werden.
Die einzige staatliche Eliteschule nach französischem Vorbild ist die *Scuola normale superiore* in Pisa. 1810 unter NAPOLEON gegründet, nimmt sie Studenten in zwei Klassen auf (Natur- und Geis-

teswissenschaften). Die Auswahl erfolgt durch einen nationalen *concorso*. Absolventen haben ausgezeichnete Berufschancen und bilden in einigen Fächern einen überdurchschnittlichen Anteil des akademischen Nachwuchses.
Zusammenfassend kann man sagen, dass eine bewusste Elitenbildung von Seiten des Staates in Italien nicht betrieben wird. Allerdings übernehmen diese Aufgabe teilweise die privaten (oft katholischen) Ausbildungsstätten.

2 Selbstverständnis Italiens als gebildete Kultur

Bildung und Prestige

Abgesehen von dem Mangel an Modernisierung im italienischen Schulsystem kommt der individuellen Bildung in der italienischen Kultur erhebliche Bedeutung zu. Vor allem eine breite und solide Allgemeinbildung gilt als Merkmal einer sozial angesehenen Person. Dies hängt sicher damit zusammen, dass sich Italien in seinem Selbstbild sehr früh über Kultiviertheit und als Hort des antiken Wissens definiert hat. Gerade das humanistische Wissen wird immer noch prämiert – ganz im Gegensatz zu anderen Kulturen wie der französischen, wo ein Abitur mit naturwissenschaftlichem Schwerpunkt wesentlich mehr Prestige hat als ein literarisch-philosophisches. Dieses hohe Prestige der Bildung und der Sprachbeherrschung gilt nach innen ebenso wie nach außen. Für die Wahrnehmung von Führungspersönlichkeiten in der Politik wie in der Wirtschaft ist ihr Bildungsniveau von erheblicher Bedeutung. Macht wird viel leichter akzeptiert, wenn das Individuum als besonders qualifiziert ausgewiesen ist: Eine breite und tiefe Bildung ist hierbei eines der wichtigen Kriterien für Qualität der Persönlichkeit.

garbo

Unter dem Begriff des *garbo* (etwa: gutes Benehmen, kultiviertes Auftreten) werden Eigenschaften zusammengefasst, die auch heute noch das Entreebillett in die einflussreichen Gesellschaftsschichten Italiens darstellen. Die Relevanz des Auftretens und der intellektuellen Präsenz in der italienischen Gesellschaft hängt mit der bereits analysierten Tendenz zur Theatralisierung des Alltagslebens zusammen.

Rekrutierung von Nachwuchs

Wenn die Rekrutierung von Nachwuchs in einer Gesellschaft nur teilweise durch elitäre Ausbildungsstätten vorbereitet wird, stellt sich die Frage nach weiteren Kriterien für die Auswahl von Verantwortungsträgern. Bereits im vorhergehenden Kapitel wurde auf die Bedeutung persönlicher Netzwerke und Verbindlichkeiten für das Funktionieren der italienischen Gesellschaft eingegangen. So wie in der Politik eher auf persönliche Bekanntschaft als auf Programme Wert gelegt wird, ist die Rekrutierung eine Frage des

Vertrauens. Die berühmt-berüchtigten italienischen Verfahren der *segnalazione* und *raccomandazione* mögen zwar im Zuge der Internationalisierung des Arbeitsmarktes an Bedeutung verlieren (vor allem in den stark international geprägten Standorten wie Mailand oder der Emilia-Romagna), aber prinzipiell gilt immer noch das Prinzip der persönlichen Empfehlung. Aber auch hier muss vor Missverständnissen gewarnt werden: Es handelt sich (vor allem in der Privatwirtschaft) keineswegs darum, durch „Vitamin B" eine unfähige Person zu versorgen (dies mag im Beamtenapparat hin und wieder der Fall sein), sondern um die Integration von Nachwuchskräften in die weiter oben beschriebenen, verbindlichen persönlichen Netzwerke. Wer einmal eine Person empfohlen hat, die dann ihre Arbeit nicht gut erfüllt, wird nie wieder mit einer erneuten Empfehlung Gehör finden. Am besten lässt sich dieses System der Rekrutierung (das, wie gesagt, zusätzlich zu anderen „normalen" Qualifikationswegen besteht) als ein auf die Interessen einzelner Gruppen (Familien) ausgerichtetes Headhunting bezeichnen, das früher ansetzt als in anderen Kulturen, in denen sich dieser Begriff auf die Abwerbung bereits erfahrener Spitzenkräfte bezieht. Unter den sachlichen Kriterien, die zur Eignung einer Führungskraft nach italienischem Verständnis gehören, findet sich auch die Allgemeinbildung. Oft wichtiger als die Spezialisierung in einem Fachgebiet, die eher auf der technischen Ebene von Bedeutung ist, sollen die gute Allgemeinbildung und das souveräne Auftreten die Autorität der Person stärken helfen und ihren Einsatz in unterschiedlichen Gebieten und Anforderungen ermöglichen. Diese große Relevanz der breiten Bildung noch vor der Fachausbildung in einem bestimmten Teilgebiet funktioniert allerdings nur dann, wenn diese Qualität von den Mitgliedern einer kulturellen Gemeinschaft als solche anerkannt wird. Andere Kulturen, wie z. B. die deutsche, legen hingegen mehr Wert auf die Fachkompetenz in einem Gebiet und werten die breite Bildung weniger stark.

3 Die Rolle der Intellektuellen

1 Gramscis Geschichtstheorie

Der Einfluss Gramscis

Wer sich mit italienischen Publikationen von Historikern oder Soziologen beschäftigt, wird immer wieder damit konfrontiert werden, dass dort vom Verhältnis der Intellektuellen zu den „Volksmassen" die Rede ist. In den meisten Werken wird der Hintergrund dieses Themas gar nicht mehr erläutert, weil er für italienische Leser ohnehin evident ist. Immer wenn von Intellektuellen und ihrer Rolle in der Geschichte die Rede ist, bezieht man sich in Italien implizit auf Antonio Gramscis marxistisch inspirierte Geschichtsauffassung. Gramsci räumt der gebildeten Schicht insofern besondere Bedeutung ein, als sie mit ihrem Denken nicht nur (wie in einem streng marxistischen Denkgebäude) auf die materiellen Produktionsbedingungen reagieren, sondern eine aktiv gestaltende Rolle bei der Herausbildung eines modernen Staates übernehmen kann. Somit handelt es sich beim Werk der Intellektuellen nicht bloß um den sog. Überbau, sondern um einen Beitrag zur Wechselwirkung von Sein und Bewusstsein. In Gramscis Verständnis kann es gelingen, die Interessen des Proletariats und die Fähigkeiten der Intellektuellen organisch aufeinander zu beziehen und in ein gemeinsames kulturelles Projekt einzubringen. Gleichzeitig wächst damit die Erwartungshaltung: Wer als intellektueller Verantwortungsträger seine Rolle in Gramscis Sinne nicht übernimmt, hat historisch versagt. Gramscis Einfluss auf die italienische Historiographie ist groß. Sehr viele historiographische Werke, gleich ob sie eher von politischer oder kultureller Entwicklung handeln, äußern sich zur manchmal fortschrittshemmenden, manchmal fortschrittsfördernden Rolle der italienischen Intellektuellen. Die Relevanz dieses Themas gerade für die italienische Geschichte und Kultur kann man in gewisser Weise nachvollziehen, da über Jahrhunderte die Vorstellung einer italienischen Nation überhaupt nur durch das Schaffen von Schriftstellern, Philosophen und Künstlern aufrechterhalten wurde. Auch nach der politischen Einigung sind die Intellektuellen aufgerufen, sich an der Demokratisierung und Modernisierung des Landes zu beteiligen. Auch für die inhaltliche und formale Gestaltung des Bildungssystems sind sie natürlich von zentraler Wichtigkeit. Vor allem in der Nachkriegszeit, als Gramscis Schriften erst vollständig publiziert und richtig bekannt werden und viele Schriftsteller und Professoren nach Formen des Engagements in der nachfaschistischen Gesellschaft suchen, übernehmen italienische Intellektuelle im Sinne einer Philosophie der Praxis Verantwortung. Dieses Engagement wird allerdings durch die Trägheit und Undurchsichtigkeit der italienischen Politik oft enttäuscht.

2 Intellektuelle in der italienischen Gesellschaft

risorgimento

Die Liste der Literaten und Denker, die sich um die dynamische Fortentwicklung der italienischen (Kultur-)Nation verdient gemacht haben, ist lang. Vor allem aus der Epoche des *risorgimento* sind zahlreiche Autoren zu nennen, die sich ganz in den Dienst der kollektiven Sache (gegen die Fremdherrschaft, für einen einheitlichen italienischen Staat) gestellt haben. Hier sei nur an bedeutende Patrioten wie Ugo Foscolo oder Giacomo Leopardi erinnert, die mit Blick auf die fremden Mächte, die Italien beherrschten, an die vergangene Größe Roms erinnern. Der Freiheitsdrang, so ihr Wunsch, soll Italien zu neuem Heroismus und schließlich zur Unabhängigkeit führen. FOSCOLO, der anfangs von NAPOLEON begeistert war und durch den Friedensschluss von Campoformio 1797 (der die Übergabe Venedigs an Österreich bedeutete) zutiefst in seinen Erwartungen enttäuscht wurde, hoffte auf die Fähigkeit des Volkes und der Elite, gemeinsam für die Unabhängigkeit nach dem Fall NAPOLEONS zu sorgen. Nach dem Wiener Kongress ging er nach England ins Exil. LEOPARDI, der in einer Art innerer Emigration sehr zurückgezogen und einsam lebte, versuchte gleichfalls durch Aufrufen der gloriosen Vergangenheit des Landes die inneren Kräfte von Volk und Künstlern gemeinsam zu mobilisieren (s. z. B. seine Gedichte *All'Italia*, 1818, und *Ad Angelo Mai*, 1820). Wie bei FOSCOLO stehen in seinem Werk glühender Patriotismus und abgrundtiefe Enttäuschung über die Realität Italiens nebeneinander. Viele andere Schriftsteller aus jenen Jahren nehmen als Konsequenz ihres Handelns Kerker, Verbannung oder Vereinsamung bewusst in Kauf.

Nach der politischen Einigung wird eine bewusste Kooperation zwischen Intellektuellen, dem wenig gebildeten Volk und den politisch Handelnden besonders wichtig. Wie wir bei der Analyse der Bildungspolitik gesehen haben, klafft ein tiefer Graben zwischen einer modernen, bürgerlichen Elite und den nur geringfügig alphabetisierten Volksmassen. In dieser Phase haben Literaten und Intellektuelle im Sinne GRAMSCIS keine sehr erfolgreiche Rolle gespielt. Allerdings hat sich z. B. ALESSANDRO MANZONI, der dem katholischen Lager zuzurechnen ist, in die Ausgestaltung des nationalen Bildungsprogramms eingeschaltet.

20. Jh.

Im frühen 20. Jh. gibt es berühmte Beispiele für ein bewusstes Engagement in politischer Verantwortung. Dabei ist die Überzeugung, das intellektuelle Bürgertum verliere den Kontakt zur Realität des Volkes, keineswegs ein Privileg der Linken. GABRIELE D'ANNUNZIO (1863–1938) etwa, den man eher als aggressiv nationalistischen Ideologen bezeichnen kann, signalisiert mit seinem im Parlament geäußerten Satz „vado verso la vita" (ich gehe zum Leben) den Schritt vom Schreibtisch in die Tat. Dieses Gefühl, als geistig tätiger Bürger durch praktische Aktionen eine neue Beziehung zur Wirklichkeit des ganzes Landes zu bekommen, mag einer der Gründe sein, warum etliche Intellektuelle sich zum Kriegseintritt Italiens 1915 bekennen (wie auch D'ANNUNZIO) und dem trügerischen Reiz der faschistischen Bewegung zeitweise erliegen. Engagement im Sinne der Übernahme ziviler Verantwortung als Intellektueller kann auch dem Liberalen BENEDETTO CROCE bescheinigt werden, der als Senator 1914 gegen den Kriegseintritt

Italiens argumentiert, von 1920 bis 1921 Erziehungsminister ist und 1925 mit seinem *Manifesto degli intellettuali antifascisti* sehr früh Position gegen Benito Mussolini bezieht. Die Jahre des Faschismus sind auch die Zeit, in der Gramsci seine geschichtsphilosophischen Gedanken zu einer Philosophie der Praxis formuliert.

Seit 1945

In der Zeit der deutschen Besatzung 1943–45 nehmen zahlreiche Schriftsteller und Künstler an der *resistenza* teil. Nach dem Krieg wächst allerdings angesichts der schnell verkrustenden Machtstrukturen und der Vorherrschaft der Regierungspartei *Democrazia cristiana* die Skepsis gegenüber dem Staat. In dem Maße, wie sie eine Verquickung der italienischen Politik mit Kriminalität, Geheimdiensten oder gar Einflüsse der US-amerikanischen Antikommunismuspolitik sehen, ziehen sich die Intellektuellen entweder aus ihrem Engagement zurück oder orientieren sich an der oppositionellen PCI. Es ist kein Zufall, dass einige der wichtigsten Intellektuellen in hohen Ämtern und Funktionen der PCI zeitweise angehören oder ihr zumindest nahestehen. Auch wenn die Bindung an die einst kommunistische Partei nach der Neustrukturierung der Parteienlandschaft ab 1992 verloren geht, gibt es doch immer wieder sehr massive und auffällige Aktivitäten vieler italienischer Intellektueller. Als Ende März 2002 Hunderttausende in Rom und anderen italienischen Städten einem Aufruf zur Demonstration gegen die Regierung Berlusconi folgen, stehen auch die berühmtesten Schriftsteller, Philosophen und Künstler nicht zurück. In der französischen liberalen Tageszeitung *Le Monde* veröffentlichen sie eine Sondernummer, wo sie ihren Bedenken gegen die Machtkonzentration von Geld, Medieneinfluss und Politik in den Händen des Ministerpräsidenten Ausdruck verleihen.

Dario Fo

Vor allem nach 1968, aber auch schon während der sozial sehr zerrissenen 60er Jahre, bewegen sich Schriftsteller, Künstler und Universitätsprofessoren auf die streikenden Arbeiter zu, versuchen Kultur in die Werkshallen zu bringen und politisch zu wirken. Einige Beispiele seien hier exemplarisch angeführt. Der Träger des Nobelpreises für Literatur 1998, Dario Fo, hat entscheidende Schritte seiner Karriere in den Hallen des FIAT-Konzerns gemacht. Seine Fernsehsendung *Ci ragiono e canto* (ab 1966) versucht, deutlich von Gramscis Geschichtsauffassung inspiriert, die Aufarbeitung und Bewahrung volkstümlicher Traditionen mit den Bedürfnissen der Arbeiterklasse zu verbinden – eine Anstrengung, die nur Intellektuelle als Brücke zwischen nationaler Geschichte und Bedürfnissen der ungebildeten Schichten leisten können. In enger Kooperation mit Sängern, Komponisten und Schauspielern möchte diese Sendung das neue Massenmedium für ein möglichst breites Publikum nutzen. Auch FOS Theaterstücke gehorchen dem Bemühen, nationale Traditionen (vor allem die Stegreiftradition der *commedia dell'arte*) in die aktuelle politische Diskussion einzubringen. Zwischen 1968 und 1970 verfasst er zahlreiche Stücke für und über die Fabrikarbeiter, die er an unkonventionellen Plätzen aufführt. In den politisch in Italien wie in ganz Europa konfliktreichen 70er Jahren bezieht FO radikale revolutionäre Positionen, die ihn in die Nähe der autonomen Gruppen, die sogar zum bewaffneten Kampf gegen den Staat aufrufen, rücken. Nach der Entführung und Ermordung ALDO MOROS durch die Roten Brigaden zieht er sich in den 80er Jahren etwas aus der Politik zurück, um in den 90ern wieder an seine anfänglichen Bemühungen um eine Aktualisierung des italienischen Volkstheaters anzuknüpfen.

MASSIMO CACCIARI (*1944)

Einen anderen Typ des politischen Engagements repräsentiert der Philosophieprofessor an der Universität Venedig, MASSIMO CACCIARI, der in den 70er Jahren zu einem führenden Theoretiker der linken Arbeiterbewegung wird. Von 1976–1983 ist er Abgeordneter der kommunistischen Partei (PCI). Konkrete Verantwortung übernimmt er als charismatischer und auch erfolgreicher Bürgermeister von Venedig (1993–2000). Im Juni 1999 wird er ins Europaparlament gewählt.

WALTER VELTRONI (*1955)

WALTER VELTRONI hingegen macht in der PCI eine klassische Parteikarriere. Sein Schwerpunkt liegt dabei auf der medialen Vermittlung des Parteiprogramms, sei es als „Propagandaverantwortlicher" (ab 1977), sei es als Chefredakteur der Parteizeitung *L'Unità* (1992–1996). Als 1996 die Mitte-Links-Regierung unter ROMANO PRODI ihre Arbeit aufnimmt, wird er zum Kulturminister ernannt. Auch VELTRONI zieht 1999 ins Europaparlament ein. Heute ist er Bürgermeister von Rom.

LEONARDO SCIASCIA

Einen Sonderfall bildet LEONARDO SCIASCIA (1921–1989, siehe Infobox S. 113) insofern, als sein Renommee und seine öffentliche Bedeutung zunächst nicht auf politischen Ämtern beruhen, sondern auf seinem Ruf als sizilianischer Schriftsteller. Aus diesem schriftstellerischen Schaffen entwickelt sich dann sein Engagement gegen die Mafia und für eine freiere Entwicklung Siziliens. Als (parteiloser) Abgeordneter in Rom und in Straßburg (1979–1983) macht er eigene Erfahrungen mit der politischen Praxis, wird aber in seiner Analyse bestätigt, dass der italienische Staat von Grund auf korrupt sei.

cantautori

Aber nicht nur die schreibende Zunft ist dem Ruf nach Engagement der Denkenden und Kunstschaffenden gefolgt. Seit den 60er Jahren entwickelt sich in Italien eine vielseitige, reichhaltige und literarisch wie musikalisch sehr dynamische Szene von *cantautori* (in etwa eine Entsprechung der deutschen Liedermacher), die soziale Konfliktthemen aufgreifen und künstlerisch verarbeiten. Vor allem in den 70er Jahren haben einige *cantautori* mit ihrem Werk und ihrem öffentlichen Verhalten erheblichen Einfluss auf die jüngeren Generationen genommen. Neue Kommunikationswege wie große Massenkonzerte auf städtischen Plätzen oder in Stadien sowie neue Medien (Fernsehen, billige Schallplatten, Kassetten, unabhängige Radiosender) erlauben nun technisch das, was GRAMSCI den Kontakt zu den Massen genannt hat. Nach 1968 und bis 1976 wachsen *cantautori* wie LUCIO DALLA, FRANCESCO GUCCINI oder FRANCESCO DE GREGORI in öffentliche Rollen als Meinungsmacher, Leitfiguren, als einflussreiche intellektuelle Künstler hinein. Lieder wie *Gesù bambino* (1971) von LUCIO DALLA oder *La locomotiva* (1972) von FRANCESCO GUCCINI sind fest im kollektiven Gedächtnis Italiens verankert und stehen für die Jahre des sozialen und politischen Engagements. Das Jahr 1976 markiert insofern einen Bruch, als der Widerspruch zwischen künstlerischem und damit ökonomischem Erfolg und oppositioneller, revolutionärer Botschaft in den Liedern offensichtlich wird (Baasner 1997). Der vorübergehende Rückzug aus dem politischen Engagement ist die Folge. Nach den von Desengagement geprägten 80er Jahren lässt sich seit den 90ern eine Wiederbelebung der sozialen Fragen in der populären Musik beobachten. Ausgehend von dem politischen Phänomen der Hausbesetzer und der *centri sociali* und genährt von der HipHop-Musik hat sich die Posse-Bewegung als neue Form des engagierten Lieds etabliert (Baasner 2002). Allerdings sind Sprache und Inhalt nur selten auf traditionelles Bildungsgut bezogen, sondern entstammen vielmehr direkt den betroffenen Randgruppen der Gesellschaft. In dem Sinne handelt es sich also nicht um Intellektuelle, die sich um die stimm- und sprachlosen Teile der Gesellschaft bemühen, sondern vielmehr um den autonomen Ausdruck dieser Randgruppen selbst. Der kommerzielle Musikmarkt und die mediale Omnipräsenz der Gruppen (durch CD, Musik-TV und Videoclips wurden die medialen Optionen noch erheblich erweitert und *de facto* auch demokratisiert) erlauben eine vergleichsweise schnelle Etablierung neuer Fragen, Themen und Werte im konkurrierenden Markt der Meinungen und Ausdrucksformen. Angesichts der heutigen Möglichkeiten und der Vielfalt von Protestbewegungen hat sich das auf GRAMSCI zurückgreifende Modell des in gewissem Sinne „väterlichen" Intellektuellen, der sich um eine Vermittlung von nationalen Interessen des Kollektivs, die Bedürfnisse der besitz- und bildungslosen Klassen und der gebildeten Schicht zu kümmern hätte, praktisch überlebt.

Literatur

Baasner 1997, 2002, Bellamy 1993, Brinkmann 1995, Geymonat 1970, Koch/Oesterreicher 1990, Mauro 1981.

LEONARDO SCIASCIA (1921–1989)
ist einer der bedeutendsten sizilianischen Schriftsteller des 20. Jhs. Sein Werk umfasst vor allem Romane, in denen er sich der Geschichte und den kulturellen Besonderheiten seiner Heimat widmet. In der Tradition des Aufklärers VOLTAIRE sieht er es als seine Aufgabe an, schreibend und historisch forschend den Weg zur Wahrheit zu ebnen. Aber schon in seinem frühen Werk, etwa in seinen Kriminalerzählungen *Il giorno della civetta* (1961), *A ciascuno il suo* (1966) und *Il contesto* (1971) wird die Erkenntnis der Wahrheit problematisch. Lässt sich diese auch bisweilen wie in einem Indizienprozess erkennen, scheitert doch die gesellschaftliche Anerkennung derselben. Schuldige werden nicht bestraft, leicht als Konstruktionen durchschaubare Pseudoerklärungen der Wirklichkeit werden offiziell als Wahrheit präsentiert. Treibende Kraft hinter dieser verfälschenden Wirklichkeitsdarstellung ist organisierte Kriminalität, die bald als Mafia identifiziert und benannt ist.
SCIASCIA ist der profilierteste Intellektuelle im Kampf gegen die Mafia. Seine oft aufgelegten und publikumswirksam verfilmten Romane führen der italienischen Öffentlichkeit vor Augen, wie sehr die Bürger sich durch Wegsehen und Schweigen der Mafia ausgeliefert haben. In späteren Werken vertritt SCIASCIA die These, die gesamte italienische Gesellschaft sei mafiotisch unterwandert (*Todo modo*, 1974) und sizilianisiert.
Aber SCIASCIA bleibt nicht bei der fatalistischen Konstatierung der Missstände stehen. Als nach der Entführung und Ermordung des christdemokratischen Politikers ALDO MORO eine parlamentarische Kommission eingesetzt wird, nimmt er an ihr teil. Schon 1978 veröffentlicht er einen literarischen Bericht (*L'affaire Moro*), in dem sich die bekannten Motive des korrupten und undurchsichtigen Staates wiederfinden. Seine vernichtende Analyse zieht auch die kommunistische Partei PCI mit ein. Als Skeptiker sieht SCIASCIA im Gegensatz zu GRAMSCI keine Möglichkeit, Politiker, Intellektuelle und Volk in einer gemeinsamen Anstrengung auf einen zukunftsfähigen italienischen Staat zu verpflichten.

7 KAPITEL Künstlerische Erzeugnisse und ästhetische Wahrnehmung in Italien

1 Kunst und Ästhetik als Bestandteile nationaler Kultur

1 Ästhetik und kollektive Werte

Universalität oder Relativität?

Die ästhetische Theorie geht im allgemeinen davon aus, dass es einige Prinzipien gibt, die das Verhältnis der Menschen zu dem, was sie als schön oder hässlich bezeichnen, ganz grundsätzlich charakterisieren. Diese Annahme galt vor allem in früheren Jahrhunderten, als man aus dem Ideal griechischer bzw. römischer Kunst universelle und historisch unwandelbare Regeln meinte ableiten zu können. Spätestens seit der Romantik ist aber eine Auffassung vertreten worden, derzufolge ästhetische Produktionen und auch die Wahrnehmung dieser Kunstprodukte sowohl historischen Wandlungen als auch kultureller Differenz unterliegen. Theoretiker wie JOHANN GOTTFRIED HERDER (1744–1803) oder die Gebrüder AUGUST WILHELM (1767–1845) und FRIEDRICH SCHLEGEL (1772–1829) sehen einen Zusammenhang zwischen einem vermeintlichen Volkscharakter (Nationalcharakter) und bestimmten Kunstformen. Damit wird das einzelne Kunstprodukt, das Ergebnis individueller Begabung und Inspiration ist, zu einem Teil des größeren Ganzen, das wir heute Kultur nennen würden. Heutzutage wird zwar niemand mehr ernsthaft annehmen, es gebe einen gewissermaßen genetisch nachweisbaren Nationalcharakter, wohl aber kollektive Merkmale, Verhaltensweisen, Einstellungen und kommunikative Gewohnheiten, die wir sowohl Kultur (s. S. 10) als auch Mentalität (s. S. 72) nennen können.

Kunst und Kultur

In diesem Sinne gehört auch die künstlerische Produktion eines Kollektivs, einer Nationalgemeinschaft, in den Zusammenhang kulturwissenschaftlicher Fragestellungen. Dabei interessiert uns weniger die Machart des einzelnen Kunstwerks an und für sich – dies würde eher zu einer kunsthistorischen Betrachtung führen – sondern der Zusammenhang zwischen kollektiven kulturellen Merkmalen und der ästhetischen Produktion. Wir haben bereits mehrfach feststellen können, dass die italienische Gesellschaft sowohl nach innen als auch nach außen durch ästhetische, auf äußere Wahrnehmbarkeit ausgerichtete Merkmale gekennzeichnet ist. Die Ästhetisierung des Alltags, in dem auch die kleinen, unbedeutenden Dinge Teil eines visuellen Erlebens der Welt werden, ist eines dieser Merkmale. Wie sehr die Wahrnehmung und auch die Kommunikation über Ästhetisches zur gesellschaftlichen

Wirklichkeit Italiens gehören, kann man bis in den Sprachgebrauch hinein beobachten. Das Wörtchen *bello* oder vor allem die idiomatische Redewendung *che bello* lässt viele Rückschlüsse auf die Bedeutung der Ästhetik zu. *Che bello* kann selten mit *wie schön* übersetzt werden, denn dem deutschen Ausdruck haftet etwas abschließend Beurteilendes an – ganz anders *che bello*, wo es eher um eine anspornende Rückmeldung geht, die keineswegs Teil eines Diskussionsvorgangs oder eines ästhetisch erhabenen Moments sein muss, sondern reiner Zwischenruf. Unmittelbar benachbart ist dann auch die *bella figura*, die mitnichten die Übereinstimmung mit dem Schönheitsideal einschlägiger Frauen- oder Männerzeitschriften meint. *Bella figura* ist ein Phänomen der kommunikativen Gesamtsituation – und damit Teil eines kulturellen Gefühls.

italienisch = ästhetisch?

Diese Gleichsetzung hat sich in den langlebigen, in Europa vorherrschenden Meinungen über Italien früh festgesetzt, und zwar in mehrfacher Hinsicht. Aufbauend auf dem Renommee der römischen Kunst wird Italien seit dem 15. Jh. in der Malerei ebenso wie in der Architektur und der Skulptur europaweit führend. Hinzu kommt das große Prestige der italienischen Dichtungssprache, die bis ins frühe 17. Jh. hinein für andere Kultursprachen wegweisend ist. Und schließlich fügt sich auch die durch zahllose Reisende gepriesene Schönheit der Natur und der Städte in ein Gesamtbild, das ganz wesentlich von der Vorstellung klassischer Harmonie und den Alltag prägender Ästhetik bestimmt wird. Dieses auf Ästhetik ausgerichtete Fremdbild wird dadurch verstärkt, dass auch innerhalb der italienischen Gesellschaft großer Wert auf Visualität gelegt wird. Dass es sich hierbei nicht nur um ein subjektives, sondern auch objektiv relevantes Phänomen handelt, kann man daran erkennen, dass die italienische Exportindustrie eine ihrer Stärken in jenen Sektoren hat, wo Ästhetik eine herausragende Rolle spielt: Früher waren dies Malerei und Architektur, heute sind Design und Mode hinzugekommen. Auch der „Export“ von Führungskräften ist im Bereich Architektur und Design besonders ausgeprägt – schon vor Jahrhunderten gingen italienische Baumeister und Maler an die wichtigen europäischen Höfe, um die prunkvollen Residenzen auszugestalten. Diese Stärke der italienischen Kultur hat sich bis heute gehalten und kann nur deshalb so kontinuierlich gepflegt werden, weil die Gesellschaft selbst diesen Qualitäten und Fertigkeiten einen hohen Stellenwert beimisst.

Merkmale der Kunst

In der Kunstgeschichte wird oft auf einen grundsätzlichen Unterschied zwischen südländischer (italienischer) und nordeuropäischer (deutscher) Kunst hingewiesen, den man in der divergierenden Gewichtung der Subjektivität bzw. Objektivität ausmacht. Die „deutsche“ Kunst betone die Subjektivität und ziele auf eine transzendentale Aussage, während die „italienische“ ihren Ausdruck in der objektiven Darstellung der realen Welt finde. Die italienische Kunst neigt in der Tat dazu, bei der Naturdarstellung den Akzent auf jene Elemente zu legen, die sinnlich erfahrbar und rational erkennbar sind. Die Form – auch dies ein Begriff, der in der italienischen Diskussion besondere Bedeutung hat – ist dann Ausdruck der individuellen Schaffenskraft des Künstlers. Selbstverständlich gilt diese Aussage nicht für die Gesamtheit der Kunstproduktion in Italien, aber in verschiedenen Epochen kann man die Suche nach einer Verankerung der gestalteten Objekte in der sinnlich erfahrbaren Lebenswirklichkeit erkennen.

2 Entwicklungen italienischer Kunst und Ästhetik

Historische Ausbildung einer italienischen Kunst

Bevor wir einige charakteristische Merkmale italienischer Kunst in Geschichte und Gegenwart erläutern, müssen wir uns der Frage stellen, inwieweit und ab wann man überhaupt von italienischer Kunst sprechen kann. Setzt man die Herausbildung des einheitlichen Nationalstaats als Kriterium an, verkennt man die Tatsache, dass lange vorher das Bewusstsein einer „typisch italienischen“ Kunst in ganz Europa existiert. Die Vielzahl und Heterogenität ästhetischer Einflüsse durch Fremdherrscher, Einwanderer und das Fortwirken der römischen Tradition verbietet es gleichzeitig, allzu früh eine italienische Kunst mit einheitlichem Charakter anzunehmen: In Italien kommen etruskische, griechische, lateinische, byzantinische, arabische, karolingische und normannische Elemente zusammen. Daher besteht keine einheitliche Meinung über den Zeitpunkt, von dem ab sinnvoll von einer italienischen (wiedererkennbaren und vergleichsweise einheitlichen) Kunst gesprochen werden kann. Ein Argument, das oft vorgebracht wird, ist die Verbreitung des Christentums als Ausgangspunkt einer eigenständigen Kunst in Italien. Die überwiegende Meinung ist jedoch, dass erst mit Humanismus und Renaissance ein eigener Stil, dessen man sich auch bewusst ist, ausgeprägt wird. Ab dem 13. Jh. emanzipiert sich z. B. die Malerei vom byzantinischen Erbe mit Cimabue (Ende des 13. Jhs.) und Giotto (1267–1336). Bereits im 15. Jh. entwickelt die italienische Kunst das Prinzip der Perspektive in der Malerei. Damit wird eine Beziehung zwischen einem dargestellten Objekt und seinem räumlichen Umfeld plastisch dargestellt und optisch erfahrbar – dies wird für die spätere Entwicklung des Designs Folgen haben. In der ästhetischen Diskussion tritt neben diese Opposition „Objekt – Raum“ ein weiteres Oppositionspaar, nämlich „Zeit – Geschichte“. „Natur“ und

„Geschichte" bleiben in der Folge zwei feste Bezugspunkte für die ästhetische Diskussion und Praxis in Italien.
In derselben Zeit werden Kunstwerke zunehmend sowohl als kreativer Schaffensprozess als auch als technisches Produkt, das von einer Zeichung (*disegno*) ausgeht, verstanden. Die Zeichnung wird allmählich zum Ausgangspunkt jedes Kunstwerks. In der Zeichnung wird eine Beziehung zwischen dem darzustellenden Objekt und dem Raum konzipiert, wodurch sie sozusagen die Funktion einer Projektskizze übernimmt. Die ästhetische Debatte, die in Italien während des Humanismus geführt wird, ist genauso wie die Kunstprodukte selbst von den anderen Kulturnationen Europas als etwas spezifisch Italienisches wahrgenommen worden, das gleichzeitig Ausdruck allgemein gültiger Kunstregeln ist.

Stadtentwicklung

Auch die Entwicklung der italienischen Städte ist aufs Engste mit der Ausbildung einer intensiven Kunstszene verbunden. Architektur selbst ist Teil der kulturell-künstlerischen Dynamik eines Landes. Mit Ausnahme der großen Hafenstädte erreichen die urbanen Zentren Italiens um das Jahr 1000 ihren Tiefpunkt. Erst danach beginnen die Städte wieder zu wachsen, sodass im 14. und 15. Jh. bereits neue, prägende Strukturen entstehen. Die *piazza* wird zum Herzen des städtischen Raumes. An die *piazza* angesiedelt ist in der Regel die Kathedrale, und mit dem Erstarken der bürgerlichen Gruppen und großen Familien entstehen um die *piazza* herum die berühmten italienischen Paläste, gewissermaßen als Symbole der Macht und des Reichtums der einzelnen Gruppen des städtischen Verbundes. Die mittelalterliche Stadt bleibt von Mauern umgeben, aber die umliegenden ländlichen Gebiete werden in die innere Stadtplanung insofern einbezogen, als sie bei der inneren Stadtgestaltung (z. B. Straßenführung) ein fester Bezugspunkt sind. Die Stadt wird somit in Italien zum Kunstwerk und gleichzeitig Mittel zum Ausdruck der Macht und des Einflusses rivalisierender Familien, die sich durch die Erbauung immer schönerer Paläste und öffentlicher Gebäude zu übertreffen versuchen. Erst im 14. und 15. Jh. erlangen die Städte wieder die Funktion, nach innen einen befriedeten Raum und nach außen eine Verteidigungslinie zu bieten. Das hängt damit zusammen, dass die Stadt nun nicht mehr nur ökonomische Macht, sondern auch politische Bedeutung erlangt. Der jeweilige Herrscher hat nicht nur die Aufgabe, für die Verteidigung der Stadt zu sorgen, sondern auch für ihre Ausdehnung. Die Stadt befriedigt daher nicht mehr nur die Bedürfnisse nach Sicherheit und Wohlstand, sondern ist Ausdruck politischen Willens. Bei der Repräsentation der politischen Ordnung kommt erneut der architektonischen Gestaltung eine zentrale Rolle zu. Die *piazza* übernimmt dabei eine neue Funktion: Früher war sie das Zentrum der städtischen Gemeinschaft, nun wird sie zum Aushängeschild der Macht der *signorie*. Nicht zufällig werden die Herrscherpaläste meist direkt am Hauptplatz der Stadt gebaut, und der öffentliche Raum wird gewissermaßen zum Vorhof des Machtzentrums, wo Zeremonien, Paraden und öffentliche Veranstaltungen stattfinden. Die Stadtstruktur ist damit selbst Teil künstlerischer, kollektiver Konzeptionen. Eine besonders enge Verbindung zwischen Kunst und städtischem Raum entwickelt sich in Renaissance und Barock.

Renaissance

Im 16. Jh. ist die an italienischen Höfen entwickelte Kunst in ganz Europa vorbildlich. Es entsteht ein regelrechter Wettstreit zwischen den großen Herrscherfamilien und den mit ihnen jeweils verbundenen Städten um die besten Köpfe aus Malerei, Bildhauerei, Architektur und Literatur. In Ferrara wirkt vor allem ANDREA MANTEGNA und seine Schule, in der Literatur sind die Namen von LUDOVICO ARIOSTO und TORQUATO TASSO fest mit der Stadt in der Poebene verbunden. Venedig erlebt einen Aufschwung als Zentrum der Künste mit GIORGIONE (GIORGIO BARBARELLI,), TIZIANO VECELLIO, TINTORETTO (IACOPO ROBUSTI) und VERONESE (PAOLO CALIARI). RAFFAEL (RAFFAELLO SANZIO) wird 1508 offizieller Hofmaler des Papstes. Die Ausstrahlungskraft dieser und zahlreicher anderer Künstler nach Europa ist enorm, das Modell der Renaissancekunst für lange Zeit verbindlich. Die Blüte dieser Kunstformen und -zentren ist mit der architektonischen Entwicklung der italienischen Städte und der Palastkultur untrennbar verbunden.

In der Renaissance sind die wesentlichen Stadtstrukturen bereits vorgegeben. Allerdings vollzieht sich eine interessante Entwicklung: Stadtentwicklung ist nun nicht mehr nur eine praktische architektonische Aufgabe, sondern wird zunehmend Gegenstand theoretischer Überlegungen. Im 16. Jh. entstehen großartige, geradezu utopische Projekte, die theoretisch faszinierend, wenn auch praktisch ergebnislos sind. Der Renaissancepalast bildet interessanterweise in Miniatur die Stadtstruktur ab: Der Innenhof ist die *piazza*, der Zugang von außen nach innen entspricht den Straßen, und die Außenmauern des Hauses wirken wie Stadtmauern.

Barock

Eine zweite Blüte erlebt die italienische Kunst im Zeitalter des Barock mit großartigen architektonischen Bauwerken und pompösen Innenausstattungen. Nicht zufällig entwickelt sich die Stadtplanung parallel zu kunsthistorischen und ästhetischen Debatten. Dabei entstehen in der Zeit der großen Baumeister, vor allem im 17. Jh., faszinierende und divergierende Auffassungen von Raum und architektonischer Raumgestaltung. Der barocke Baumeister GIAN LORENZO BERNINI (1599–1680) versteht den architektonischen Raum wie die Natur und repräsentiert ihn daher als offenes Kontinuum, analog zu einer nach vorne offenen

Geschichtskonzeption. Sein Kollege und Kontrahent FRANCESCO BORROMINI (1599–1667) hingegen füllt den Raum gestaltend aus und möchte dadurch innerhalb des Raumes Spannungsbögen aufzeigen. Allgemein gesprochen wird die Kunst das Medium, in dem Geschichte und Natur verknüpft werden können, wobei die städtische Raumgestaltung dann die „zur Geschichte gewordene Natur“ wäre. Landschaft wird somit rationalisiert. Wer sich mit italienischer Stadtentwicklung befasst, beschäftigt sich daher automatisch mit der Kunstgeschichte allgemein, weil es stets um die aussagekräftige Beziehung von Raum und Zeit (Geschichte) geht. Ein Monument, eine Kathedrale, die in einem dauernden Prestigeduell mit den weltlichen Regierungspalästen steht, bringen die Machtverhältnisse zwischen weltlichen (kaiserlichen oder kommunalen) und kirchlichen Herrschern zum Ausdruck. Im Zeitalter des Barock kommt ein neues Element in der Ausgestaltung des städtischen Raums hinzu, das erheblichen Symbolwert hat: das Theater. Hier realisiert sich das bereits angesprochene Merkmal der italienischen Kultur, das unter dem Stichwort *Theatralität* zu fassen ist. Die Stadt selbst wird zur Bühne, und das Theaterhaus wird wesentlicher Teil des urbanen Selbstverständnisses. Das kommt auch in der Entwicklung der Gartenbaukunst zum Ausdruck.
Mit Malern wie PIETRO DA CORTONA (PIETRO BERRETTINI) und später mit GIAN BATTISTA TIEPOLO können auch in der Malerei noch einmal Akzente für Europa gesetzt werden. Die schulbildende Kraft der italienischen Künstler ist in späterer Zeit nie wieder so stark gewesen wie in der Epoche von Renaissance und Barock.

Nationale Einheit und Kunst

Mit der politischen Einheit gewinnt auch der Begriff italienische Kunst eine andere Bedeutung. Es handelt sich nicht mehr nur um die Selbstinszenierung einzelner Städte oder Höfe, auch nicht mehr nur um die Außenwahrnehmung als führende Kulturnation, sondern um die Gestaltung einer erst noch zu schaffenden kollektiven Identität. Hierbei spielt die Kunst eine große Rolle. Auf die Bedeutung der Literatur für die Ausbildung einer gemeinsamen Sprache und für die Vermittlung kollektiven Wissens ist bereits hingewiesen worden. Aber auch künstlerische Erzeugnisse tragen zur Ausbildung kollektiver Identität bei. Hierbei sind in Italien natürlich all jene Entwicklungen zu beobachten, die seit der Moderne des 19. Jhs. die internationale Kunstszene insgesamt prägen – einen italienischen Sonderweg gibt es selbstverständlich nicht. Allerdings spielt die großartige Vergangenheit, die vor allem mit dem Begriff *Renaissance* in enger Verbindung steht, insofern eine Rolle, als sich Theoretiker und Praktiker der Kunst mit diesem Erbe auseinandersetzen müssen. Dies kann durch den Versuch der Wiederaufnahme und Anknüpfung geschehen

(z. B. in der *liberty*-Bewegung um Gabriele d'Annunzio) oder durch radikale Ablehnung (wie in den beiden *manifesti del futurismo* von Filippo Tommaso Marinetti).
Der italienische Einheitsstaat bemüht sich auch um die Institutionalisierung von international beachteten Kunstereignissen und dokumentiert so sein Interesse an einer wichtigen Rolle Italiens in der Kunstszene Europas (und der USA). Die *Biennale* in Venedig entsteht 1895 und im Jahre 1902 wird in Turin die *Mostra di arte decorativa* eröffnet.

Nachkriegszeit

Mit dem Zusammenbruch des faschistischen Staates und der Neuordnung Europas muss sich auch die künstlerische Produktion neu positionieren. Eine zunehmende Internationalisierung und ein starker nordamerikanischer Einfluss prägen die Entwicklung. Aber auch die oft noch idealisierte Sowjetunion mit ihrer Kunstform des sozialistischen Realismus wirkt als Inspirationsquelle: Mit Renato Guttuso steht ein renommierter Maler an der Spitze der Bewegung des sogenannten Neorealismus, der von der kommunistischen Partei offiziell unterstützt wird.
In den 50er Jahren entwickeln sich in vielen Bereichen der Künste Formen und Inhalte, die auf die sich allmählich modernisierende, bürgerliche und zunehmend wohlhabende Konsumgesellschaft beziehen. Aus dieser Zeit stammt auch eine generelle Orientierung hin zum Design, zur realitätsnahen, praktischen Gestaltung von Gegenständen im Raum. Gleichfalls in die 50er und 60er Jahre fällt der Aufschwung des italienischen Films und die Schaffung der Studios von *cinecittà*. Hierbei handelt es sich ganz eindeutig um die Bemühung, im eigenen Land die Bedingungen für eine nationale und nicht durch Hollywood vorgegebene Filmindustrie zu schaffen. Kulturell gesehen geht es darum, das Medium Film zur Ausgestaltung des kollektiven Selbstverständnisses des modernen Italien zu verwenden – nicht zufällig sind die meisten Stoffe der italienischen Filmindustrie (abgesehen von der großartigen Western-Tradition) dem italienischen Alltagsleben entlehnt – bis in die Gegenwart. Generell kann man sagen, dass sich in der italienischen Kunst in der Nachkriegszeit die Tendenzen zur Internationalisierung (und Globalisierung) und die Versuche, eine kulturelle Eigenständigkeit zu bewahren, die Waage halten.

Soziale Rolle der Künstler

Ein weiteres Merkmal der italienischen Kunst ist die Tatsache, dass Künstler in der italienischen Gesellschaft sehr früh nicht nur als Kunsthandwerker, sondern als Intellektuelle angesehen werden. Die technischen Fähigkeiten sind so mit theoretischer Reflexion verknüpft. Den Intellektuellen wiederum erscheint Kunst als eine Art höhere, übergeordnete Betrachtungsweise bzw. Technik, die in unterschiedlichen Abteilungen ausdifferenziert wird. Dies mag

einer der Gründe für den oft beschriebenen Eklektizismus vieler italienischer Intellektueller sein.
Schon in der Glanzzeit der Renaissance erlangen Künstler wie LEONARDO DA VINCI als Universalgenie erheblichen Einfluss auf die urbane Kultur. Das soziale Prestige von Künstlern aller Sparten ist dementsprechend hoch anzusiedeln. Der Schritt vom handwerklichen zum akademischen, intellektuellen Verständnis der Kunst vollzieht sich endgültig in der Person und im Werk des MICHELANGELO BUONARROTI. Seine Ausbildung ist nicht mehr scholastisch geprägt, sondern legt Wert auf eine anspruchsvolle Durchdringung des Schaffensprozesses. In der Folge führen zahlreiche Kunstakademien zur Verankerung der ästhetischen Ausbildung im Konzert der modernen Universitäten.
Die herausgehobene Rolle von Künstlern oder Literaten als Intellektuelle kann man auch in neueren Epochen der italienischen Geschichte beobachten. Bei der Behandlung der Bildung und ihrer Rolle für die italienische Kultur wurde bereits auf einige Beispiele hingewiesen (s. S. 100). In der Nachkriegszeit erlangen Filmemacher wie VISCONTI, FELLINI oder PASOLINI großen Einfluss auf die öffentliche Meinungsbildung. Auch Architekten sind in der italienischen Gesellschaft sehr hoch angesehen (s. Infobox RENZO PIANO, S. 144).

2 Design

1 Design in der italienischen Kultur

Zum Begriff

Der Begriff *Design* ist vielschichtig und trägt unterschiedliche Bedeutungen in sich. In früheren Epochen wird mit *disegno* ganz allgemein eine Zeichnung benannt, die dann als Projektskizze die Grundlage für eine Ausarbeitung in Architektur oder anderen visuellen Künsten bildet. Heute spricht man von Design als eigener Kunstsparte immer dann, wenn es darum geht, Güter – vor allem Konsumgüter – ästhetisch zu gestalten. In gewissem Sinne ist Design eine angewandte Kunst, die sich in zahlreichen Gegenständen des alltäglichen Lebens wiederfindet. Design stellt keine einmaligen Kunstgegenstände her, sondern Serien von Gebrauchsgegenständen. Besonders ausgeprägt ist die Formgebung durch sehr bewusstes Design bei Einrichtungsgegenständen, Haushaltsgeräten, Bekleidung und dem Prestigeobjekt Automobil. Mittlerweile hat sich diese Bedeutung von Design im Sprachgebrauch gefestigt, und man kann beobachten, dass der Begriff auch für nicht materielle Gegenstände benutzt wird – etwa im Ausdruck Service-Design, wo man ihn quasi gleichbedeutend mit „Gestaltung“ verstehen kann.

Design im italienischen Alltag

Wenn man davon ausgeht, dass die italienische Alltagskultur den visuellen Eindrücken und der theatralischen Gestaltung auffällig viel Raum lässt, ist unmittelbar einleuchtend, warum das Design in Italien einen reichen Nährboden findet. Wenn der alltägliche Raum des familiären, aber vor allem des sozialen Lebens wie eine Bühne empfunden wird, muss ein entsprechendes Bühnenbild ausgearbeitet werden. Dies gilt für die bereits angesprochene architektonische Grobgestaltung des städtischen Raums und gleichfalls für die Feingestaltung. Das Intérieur einer Bar (Espressomaschinen, etwa von *Bialetti*, *Gaggia* oder *Alessi*) oder eines Restaurants gehorcht gewissen Bedürfnissen der Inszenierung, und auch der Büroraum wird nicht als „neutral" wahrgenommen (Schreibmaschinen wie die *Valentine* von Olivetti). Das gilt natürlich auch für die Kostümierung der Akteure – mit Frankreich zusammen hat Italien über lange Jahrzehnte den internationalen Modemarkt geprägt. Und auch die moderne, mobile Gesellschaft seit dem Wirtschaftswunder der späten 50er Jahre inszeniert sich nach ästhetischen Regeln, die zur Produktion geradezu mythischer Transportmittel führen: der *topolino* (FIAT 500) und die *vespa* sind wohl die bekanntesten Beispiele.

In der ästhetischen Gestaltung des Alltags und des öffentlichen Raums kann Italien auf eine lange Tradition zurückgreifen. Als Beispiel sei auf die Tradition des kunstvollen Buchdrucks und die Entwicklung besonders ansprechender Drucktypen hingewiesen. GIOVANNI BATTISTA BODONI (1740–1813) gilt als König der Drucker und Drucker der Könige zugleich. Seine Schrifttypen finden sich auf Straßenschildern, Plakaten, auf Hausnummern und Visitenkarten. Interessant ist nun, dass seit den 80er Jahren die *Bodoni* in allen Varianten wieder ein gefragter Schrifttyp ist und in die Welt der PCs Eingang gefunden hat. Dabei wird die alte Schrift als Vorlage für Neuschöpfungen und Interpretationen benutzt, der Klassizismus somit in die neue Umgebung eingefügt.

Design und nationale Selbstdarstellung

Das Design ist mit der industriellen Massenfertigung von Konsumgütern verbunden und ist somit Teil eines ökonomischen Marktes. Wer Design einsetzt, will nicht nur die Alltagswelt gestalten, sondern auch auf nationalen oder internationalen Märkten verkaufen. Dabei kommt eine Tatsache zum Tragen, die eng mit dem Phänomen der Auto- und Heterostereotype verknüpft ist. Mit dem italienischen Design wird auch die stereotype Wahrnehmung auf den internationalen Märkten bedient: Leichtigkeit, Verspieltheit, Bildung, Humor, Funktionalität ohne Perfektionismus und somit alles Werte, die traditionell mit der Wahrnehmung der italienischen Kultur verbunden sind. Das Etikett *Made in Italy* birgt automatisch die Vorstellung, dass es sich um ästhetisch ansprechende, originelle und oft verspielte Produkte handelt. Ganz anders das

Image deutscher Produkte, das manchmal geradezu in Abgrenzung zum italienischen Design konzipiert zu sein scheint. Der Zusammenhang zwischen nationalen Stereotypen und Design kann bis in die Werbung hinein verfolgt werden. Die Werbung für den Binnenmarkt spielt mit dem kollektiven Wissen um vermeintliche Stärken und Schwächen und kann somit ironisch oder kompensatorisch wirken. In anderen Märkten (wie dem deutschen) wird mit typisch italienischen Stereotypen gespielt, um Produkte, deren Herkunft man mit Italien verbindet (auch wenn sie irgendwo sonst hergestellt werden), emotional positiv aufzuladen.

Wirtschaftliche Struktur

Design und Mode machen 70 % der positiven Handelsbilanz Italiens aus. Die meisten Modeschöpfer und Designbüros sind aber trotz großen internationalen Renommees kleine, oft familiär strukturierte Unternehmen geblieben. Damit entsprechen sie einer der besonderen Stärken der italienischen Wirtschaft und bilden zudem die generelle Tendenz der Gesellschaft zur Organisation in familienähnlichen Strukturen ab. Seit dem wirtschaftlichen Aufschwung in der Nachkriegszeit hat sich das Design als Serviceangebot an innovative Unternehmen schnell entwickelt, wobei auch hier eine besondere Stärke in der Geschwindigkeit, Originalität und lokalen Ausdifferenzierung zu sehen ist. Mit erheblicher Risikobereitschaft seitens der Unternehmer und großer Kreativität der Designer hat sich das italienische Design seit den späten 50er Jahren einen Namen gemacht, lange bevor es in den 80er Jahren zu einer offiziell auch studierbaren Disziplin werden sollte. Für lange Zeit ist das Design an kleine und mittlere Unternehmen gebunden, bis es in den 80er Jahren auch mit der Großindustrie enge Kooperationen eingeht. Andrea Branzi (1996, 1999) sieht in der ästhetischen Produktion allgemein und im Design im besonderen eine Möglichkeit für die italienische Gesellschaft, in Ermangelung politischer Projekte (keine Revolutionen, kein reformfähiger Staat) ihre Kreativität auszudrücken. Im seriellen ästhetischen Produkt, das in einer auf Spektakularität ausgerichteten Gesellschaft seinen Platz auf der Bühne sicher hat, kann der Künstler einem eigentlich banalen Objekt einen höheren „Mehrwert“ geben.

2 Tendenzen des Designs in Italien seit 1950

Wirtschaftswunder

Die nachfolgende kurze Geschichte des Design in Italien soll kein vollständiges Panorama liefern, sondern wird vor allem auf die Zusammenhänge zwischen gesellschaftlichen und kulturellen Entwicklungen und den Formen des Design eingehen (Branzi

1996). Der erste große qualitative Sprung gelingt dem italienischen Design in der Folge des wirtschaftlichen Aufschwungs (1951–58). Mit lebhaften Farben und ungewöhnlicher Linienführung setzt sich eine jugendliche Kultur von der Tradition ab. Allerdings ist für die italienische Entwicklung (in vielen Kunstbereichen) charakteristisch, dass kein völliger Bruch mit der Tradition erfolgt, sondern eher ein Mittelweg aus Erneuerung und Respekt vor dem, was bislang als sicher und bewahrenswert erschienen ist, gesucht wird. Nur langsam und schrittweise setzt sich daher in Italien eine Modernisierung auch des Designs durch. Die Gewissheiten der Vergangenheit werden in der Nachkriegszeit allmählich von einer neuen Lebensphilosophie verdrängt. Die für die italienische Gesellschaft typische Skepsis gegenüber dogmatischen Erneuerungen und die Gewissheit der Instabilität menschlicher Belange führen jedoch zu einem vorsichtigen Umgang mit dem Zukunftsoptimismus der Generation des Wirtschaftsbooms.

60er Jahre

Das Design jener Jahre ist sehr realistisch und zeugt von hohem Bewusstsein gegenüber der eigenen Tätigkeit. Unter der Leitung von Carlo Giulio Argan entsteht die Bewegung der pragmatischen Kunst (*movimento dell'arte prammatica*), die von der orthodoxen kommunistischen Linken unterstützt wird. Ähnlich wie in der *hochschule für gestaltung ulm* werden serielle und eintönige Produkte bevorzugt. Dahinter verbirgt sich die These vom Ende der traditionellen Kunst, an deren Stelle nun das Design trete. Dieses müsse ästhetische Zeichen entwickeln, die sich auf die moderne Industrie und Technologie beziehen und einlassen. In gewissem Sinne versucht man, eine Brücke zwischen der Dynamik des Kapitalismus und der eher statischen sozialistischen Kultur zu schlagen. Zu dieser Gruppe gehören Namen wie Ettore Sottsass jr. (s. Infobox S. 142), Bruno Munari und Enzo Mari, die für lange Zeit im italienischen Design ihre Kreativität unter Beweis stellen. Plastik wird in den 60er Jahren zum wichtigsten Werkstoff. Mit Plastik werden Freiheit, Demokratie und Avantgarde assoziiert. Im Rückblick erscheinen die 60er Jahre als Epoche der Modernisierung, der Flexibilität: Die Produkte können leicht umgebaut, gestapelt, zusammengesetzt und gewaschen werden. 1968 geht natürlich auch am Design nicht spurlos vorbei: Avantgarde ist der Schlüsselbegriff. Experimentierfreudige Gruppen junger Designer entwickeln in Turin, Mailand und Neapel neue Ideen, mit denen sie eine Art „pop-design" schaffen. Während die Traditionalisten nachdrücklich die Kohärenz der Projekte einfordern und darauf bestehen, dass zwischen dem Objekt und dem Kontext, in dem es seinen Platz finden soll, ein enger Zusammenhang besteht, plädieren die jungen Designer für die Autonomie des Objekts. So

entsteht der *Radikalismus von 1968*, der auf Exzentrik und nicht auf Kontinuität setzt. Neue Stoffe werden ausprobiert, und neben das Plastik treten Schaumstoffe, die noch besser modellierbar sind. Sofas in exzentrischen Farben und unkonventionellen Formen sowie Haushaltsgeräte aus festen Kunststoffen verändern die Inneneinrichtung. 1972 widmet das *Museum of Modern Art* in New York dem italienischen Design eine Ausstellung mit dem bezeichnenden Titel *The New Domestic Landscape, Achievment and Problems of Italian Design*, mit der das italienische Design zum ersten Mal institutionell und international als wegweisend anerkannt wird. Es wird dort als „polyzentrische Natur mit substantieller Einheit" präsentiert; ein fast paradoxer Kontrast. Das italienische Design wolle zwischen der (durch die Modernisierung) künstlich und steril gewordenen Außenwelt und den Hoffnungen und Sehnsüchten der Menschen vermitteln. Angesichts einer solch skeptischen Betrachtung des Fortschritts entwickeln sich laut EMILIO AMBASS, dem Organisator der Ausstellung, drei Tendenzen: eine konformistische, eine reformerische und eine Protestbewegung. Am Design kann man somit wie in einem Versuchslabor das Verhältnis von Individuum und künstlicher Welt ablesen.
Dem italienischen Design jener Zeit fehlt (noch) eine enge Verbindung zur Großindustrie, vor allem zur Bauindustrie. Somit fehlt eine bewusste Stadtentwicklung, die – wie in früheren Epochen in Italien üblich – Architektur und Design als Einheit begreifen könnte. Ein Grund hierfür wird in der starken Fragmentierung des Innenarchitektur- und Möbelsektors gesehen, wodurch keine einheitliche Linie in der Gestaltung entsteht und somit der Zufluss von Kapital in diesen Sektor begrenzt bleibt. Für MANFREDO TAFURI (ein Architekt, der sich intensiv mit dem Design der 60er Jahre beschäftigt hat) gibt es in jenem Moment zwei grundlegende Probleme für das italienische Design: Italien ist weder ein sozialistisches Land, wo das Design der Funktionalität und der vorherrschenden Ideologie unterworfen wäre (wie beispielsweise in Schweden), noch ein Land, in dem zwischen Design und Kapital eine Interessengemeinschaft besteht. So bleibt dem Design nur der Weg in die Selbstironie oder den Hedonismus. Hieraus entsteht der Stil des *neoliberty*, dessen Hauptvertreter GAE AULENTI ist. Das Design schafft gegen Ende der 60er Jahre eine Welt voller schöner Illusionen, die in Widerspruch zur gelebten Realität stehen. Hierin ähnelt das Design dem italienischen Film im Stil FELLINIS oder ANTONIONIS.

70er Jahre

Wie in den übrigen Industriestaaten ruft die erste große Ölkrise in Italien eine Verunsicherung der Konsumgesellschaft hervor. Zur selben Zeit, als man sich fast schon an Plastik als vorrangigen Werkstoff gewöhnt hatte, bildet sich im öffentlichen Diskurs die

Gleichsetzung von *künstlich = unnatürlich* heraus, womit die positiven Assoziationen des Begriffs *künstlich* im Sinne von modern, innovativ, technologisch durch ein negatives Prestige abgelöst werden. In dem Maße, wie Künstlichkeit ein kritischer Begriff wird, entsteht eine Umweltbewegung, die im Plastik eine tote, umweltverschmutzende und nicht biologisch abbaubare Materie sieht. Dies sollte sich erst in den 80er Jahren erneut ändern, als Plastik wiederum als bewegliches und spezifisch einsetzbares Material erscheint. In den 70er Jahren bildet sich auch die Idee des *do-it-yourself* heraus, d. h. konkret Möbel zur Selbstmontage. Das Design tritt hierbei völlig in den Hintergrund. Das Wohnen und Leben abseits von der Konsumgesellschaft gewinnt an Ansehen, ein möglichst zurückhaltendes, spartanisches Design scheint hierfür angemessen.
1973 versuchen einige Vertreter der Designszene mit der Schaffung der Agentur *Global Tools* die unterschiedlichen Tendenzen zu bündeln – das Ziel ist die Förderung der individuellen und kollektiven Kreativität. Dieser Versuch bleibt allerdings folgenlos. Die Krise des Kapitalismus in den 70er Jahren bringt der italienischen Gesellschaft jedoch auch neue Impulse, die im Design Wirkung zeigen. Der Übergang von der klassischen industriellen zur postindustriellen Gesellschaft beginnt. In der Kunst waren die 70er Jahre durch die Popkunst und den Versuch geprägt, sich der totalen Vermarktung zu entziehen. Auch die Philosophie grenzt sich von der Moderne ab (erinnert sei an Gianni Vattimo und sein Buch *Il pensiero debole*). Die Kritik an der (kapitalistischen) Moderne führt allerdings sehr schnell zu neuen Anpassungsphänomenen. Die Vorstellung einer flexibleren und toleranteren Form der Modernität setzt sich durch. Im Design ist dies vor allem in der nun beginnenden engen Verbindung mit der Mode erkennbar. Man beginnt zunehmend mit textilen Stoffen zu experimentieren. Das Design als Grundelement des alltäglichen Lebens zieht zunehmend auch in den Büroalltag ein.

Nuovo Design Italiano

Ein weiterer Schritt des Design in Richtung einer etablierten Kunstform ist die Gründung des „Experimentallabors" *Alchymia* in Mailand, das allerdings nur von 1978 bis 1982 Bestand hatte. Dort werden Produkte in sehr kleiner Stückzahl hergestellt, die für Museen oder Sammler bestimmt sind. Es geht dabei weniger darum, ganze Kataloge neuer Produkte zusammenzustellen, als vielmehr um die Schaffung neuer Zeichen- und Sprachformen. Das *Nuovo Design Italiano* ist durch intensive Kommunikation, durch originelle Formen und den Gebrauch von Laminat geprägt. Die Zeitschrift *Modo*, die 1977 von Alessandro Mendini gegründet wird, unterstützt die Verbreitung der Produkte aus der Werkstatt *Alchymia*. Was dieser Gruppe fehlt, ist die Unterstützung durch die

Industrie. Dieser Durchbruch gelingt mit dem von Ettore Sottsass und Barbara Radice gegründeten *Studio Memphis*, das von dem Unternehmen *Artemide* gesponsort wird und somit die Brücke zwischen Design und Industrie stärken kann. Aus diesem Studio gehen junge, noch unbekannte Designer hervor, die später bedeutende Funktionen innehaben und zu internationalem Ruhm gelangen – Michele de Lucchi beispielsweise wird 1990 Verantwortlicher für Design bei Olivetti. Grundannahme dieser Designschule ist die Überzeugung, dass eine komplexe, in sich widersprüchliche Gesellschaft nur Ausdruck und adäquates Lebensgefühl in einem ebenso komplexen Design finden kann – ein Indiz mehr für die Hypothese, dass sich zwischen dem Kunstprodukt Design und der kulturellen Verfasstheit einer Gesellschaft vielerlei Beziehungen bilden. Das führt in der Praxis dazu, dass zwischen einzelnen Teilen des Produkts im Hinblick auf Farbe, Funktion und Material keine Kohärenz herrscht. Auch die Beziehung zwischen Objekt und Benutzer verändert sich: Für die rationalistische Schule der 60er Jahre handelt es sich um eine funktionale Einheit, nun steht eine affektiv-poetische Bindung im Vordergrund. Der Rationalismus der 60er und frühen 70er Jahre setzt als Kontext eine theoretisch homogene Großstadt voraus, während das *Nuovo Design Italiano* sich auf die reale, und d. h. multikulturelle, hybride und in Ghettos aufgeteilte Großstadt einlässt. Was zunächst nur wie die Infragestellung des traditionellen Designs aussieht, entpuppt sich somit bei genauerem Hinsehen als Anklage gegenüber der historischen Veränderung der Gesellschaft. Während früher das Design von der Architektur die Einbindung des Objekts in den Raum übernimmt, emanzipiert sich nun das Objekt vom umgebenden Raum und steht sogar in einem Spannungsverhältnis zum Raum. Damit entwickeln sich Architektur und Design in unterschiedlichen Eigendynamiken.

Postmoderne

Mit ein wenig zeitlichem Rückstand hält die Postmoderne auch in Italien Einzug. Der Reiz für die italienische Entwicklung liegt darin, dass man nun ausdrücklich auf rationale Strenge verzichten und barocke, eklektische, metaphysische Objekte schaffen kann und so die dichterische Dimension des Produkts wieder einbezieht. Das postmoderne Design reflektiert über die künstlerische Tradition, die ihm vorausgeht und bringt sich selbst als historische Kultur ein, die an Elemente aus der vormodernen Zeit anknüpft.
Die hedonistische Gesellschaft der 80er Jahre erweist sich dabei als für das Design sehr förderlich. Die vielschichtige Sozialstruktur kennt nicht mehr nur eine Schichtung nach Klassen, sondern zerfällt in eine schwer überschaubare Menge von semantischen Gruppen, die sich durch klassenüberschreitende Lebenseinstellungen und -stile definieren. Die Mittelschicht wird dabei immer brei-

ter und vielfältiger, der Anteil der mittellosen Bürger nimmt ab. Die Familie als strukturbildende Größe der Gesellschaft befindet sich in einem fortschreitenden Prozess der Auflösung, die Frauenrolle verändert sich, die Anzahl der Einpersonenhaushalte nimmt zu – kurzum, die individuelle Autonomie wird größer. Damit einher geht eine wachsende Bedeutung der Kommunikation und, angesichts der größeren Kaufkraft, ein steigender Konsumdruck.
In den 80er Jahren entsteht auch das bereits angesprochene Phänomen des *Made in Italy*, das mit einem Exportzuwachs an Konsumgütern mit hohem ästhetischem Anspruch einhergeht. Dies betrifft vor allem die Mode und das Design. Es fehlt, wie oft in Italien, eine bewusste Politik, die mit entsprechenden Strukturreformen eine Stärkung der italienischen Industrie hätte bewirken können. Als guter Anreiz für die nötigen Anpassungen erweist sich die Konkurrenz, die von außen durch die Erfolge der japanischen Wirtschaft gegeben ist. Daraufhin entscheiden sich viele kleine und mittlere Unternehmen, die noch oft in Familienbesitz sind, die Herausforderung durch eine starke Technologisierung und ausgezeichnetes Design zu bewältigen – mit Erfolg.
Eine spezielle Variante dieser Jahre ist das sogenannte mediterrane Design, das vor allem im Süden entwickelt wird. In Neapel setzt man sich mit der eigenen problematischen Geschichte auseinander; in Bari arbeitet die Gruppe *Tarshito* und *Shama* mit orientalischen Elementen und greift ethnische Versatzstücke auf; in Palermo setzt die Fakultät für Architektur auf die Innovationskraft von Ettore Sottsass, Denis Santachiara und Andrea Branzi als Förderer des Designs. Vom Süden geht, wie in anderen Zuammenhängen auch, eine neue Sensibilität aus, und das heißt im Falle des Designs ein neues Verhältnis zwischen Objekt und Benutzer. Das Produkt ist regelrecht belebt und wirkt als aktiv vermittelnde Kraft zwischen Individuum und Umwelt, prägt somit die konkrete Lebenswelt des Menschen. Das mediterrane Design suggeriert im Umgang mit den Objekten einen archaischen Blick, der sich gut in die hier immer noch magische Wirklichkeitsauffassung einfügt. Diese originelle Sicht, die ein guter Ansatz für die Vermittlung zwischen dem Menschen und der (entfremdeten) Großstadtkultur hätte sein können, setzt sich jedoch nicht allgemein durch.

Design 2000

Gegen Ende des 20. Jhs. verändert die Großstadt (nicht nur in Italien) erneut ihr Gesicht. Die Arbeitsrhythmen und Lebenszyklen verschieben sich. Die bislang klare Trennung zwischen Arbeitsraum und Privatsphäre löst sich auf, Wohnung und Büro sind keine völlig unterschiedlichen Welten mehr. Die Freizeit in der Großstadt ändert ihren Charakter – die städtischen Orte wie Bars oder Internetcafés werden zunehmend unverbindlich,

Durchgangsmomente im zeitlichen Kontinuum des Alltags. Auch die Inneneinrichtung stellt sich auf diese neuartige, individuelle Freiheit bei der Zeitgestaltung ein und schafft halb private, halb auf Arbeit eingestellte Räume (*homeoffice*). Die italienische Designindustrie passt sich an diese neuen Bedürfnisse schnell an. Erfolgreiche Marken wie *Alessi* drängen aktiv in diesen Markt. Die Produkte sind eine Mischung aus Funktionalität und Repräsentativität und können als Geschenkartikel die Doppelfunktion im häuslichen Innen- und doch öffentlichem Raum erfüllen. Auch die Untermarken *Twergi* (für Holzgegenstände) und *Tendentze* (für Keramik) sind äußerst erfolgreich.

In den letzten Jahren kann man im übrigen eine gewisse Rückkehr zur Einfachheit und Normalität beobachten. Hinzu kommt eine dauerhafte Einbindung ökologischer Aspekte, die auch den Umweltgesetzen der EU Rechnung trägt. Der Rückzug auf das Wesentliche und der Verzicht auf stilistische Exzentrik (man spricht auch von Minimalismus) soll haltbare Produkte garantieren und eine Übersättigung des Konsumenten vermeiden. Neue, ökologisch wertvolle Materialien werden ausprobiert (z. B. biologisch abbaubares Plastik aus Mais von *Montedison*). Die Wohnung wird zunehmend zu dem Ort, an den man sich vor der Komplexität der Außenwelt (der Stadt) zurückziehen kann. Nicht im Sinn einer Fluchtwelt, sondern als ein Ort, an dem man die unterschiedlichen Bedürfnisse des Großstadtlebens vereinen kann – die Wohnung als Welt in humanen Dimensionen. Die individuellen Vorlieben können hierbei in breiter Vielfalt an Stilen bedient werden: rationalistisch, pop, minimalistisch, ethnisch, high-tech oder postmodern. Design darf Spaß machen und ist weitgehend von Ideologisierungen befreit. Schon zu Beginn der 90er Jahre widmen GAETANO PESCE und GENNARO CELANTI in Tokio dem italienischen Design eine Ausstellung mit dem sprechenden Titel: *Creativitalia. The Joy of Italian Design.*

3 Der italienische Film

1 Film und kulturelle Identität

Film und Kultur

Die Frage, ob es für einzelne Kulturen charakteristische Bildersprachen gibt und ob man mit möglichst unvoreingenommenem Urteil von einem typisch italienischen Film sprechen kann, kann erstaunlich klar mit „Ja" beantwortet werden. Es gibt bei auffallend vielen in Italien entstandenen Filmen Merkmale, die eine eigenständige visuelle und dramaturgische Logik erkennen lassen. Besonders deutlich wird das bei jenen Beispielen, bei denen die italienische Kultur (gewissermaßen in der Innenperspektive) selbst Gegenstand der Filmgeschichten ist. Von den Anfängen um 1910 an trägt der Film zur Ausgestaltung einer damals noch weitgehend unbestimmten kollektiven Identität bei. Die filmischen Produkte richten sich in erster Linie an ein Binnenpublikum, das mit den Eigenheiten der eigenen, vielfältigen Nationalkultur und mit der gemeinsamen Geschichte vertraut gemacht werden soll. Trotz ganz unterschiedlicher politischer Rahmenbedingungen (Nationalismus während der Anfänge, Aufarbeitung der Kriegserfahrung ab 1943, revolutionäres Engagement seit den späten 60er Jahren, Ende des Kalten Krieges 1989) lassen sich einige Merkmale als Konstanten erkennen.

Merkmale

Zunächst einmal fällt auf, dass sehr viele Filme im Alltagsleben ambientiert sind. Mit dem Neorealismus der Nachkriegszeit werden die Regisseure zu den Erzählern der kollektiven Geschichte der einfachen Bürger. Dialoge haben dabei ein erhebliches Gewicht. Keine Actionfilme entstehen in Italien, sondern liebevoll bis ins Detail gestaltete *tableaux vivants* einer meist inneritalienischen Welt. Bis heute gibt es Beispiele für Filme fast ohne äußere Handlung (*La cena* von ETTORE SCOLA), die nur aus den Gesprächen der zahlreichen Akteure ihre Dynamik beziehen. Auch der Erfolg von *Pane e tulipani* (2001) beruht auf der Reduktion auf die menschliche Dimension des alltäglichen Zusammenlebens „normaler" Menschen. Der Film wird Ausdruck des *italian way of life* und gleichzeitig sucht sich die italienische Gesellschaft im Film ihr Eigenbild.
Ein weiteres Merkmal ist das soziale Phänomen der Diva. Der sogenannte *divismo* entsteht fast zeitgleich mit dem Kino. Wie auf der Theater- oder Opernbühne werden die wichtigen Darstellerinnen zu Ikonen der neuen Kunst. Die italienische Kultur, die, wie bereits erläutert, der visuellen Präsenz eine hohe Bedeutung zuweist, hat weniger Probleme als andere Kulturen mit der Stilisierung von Stars – bis in die Welt des Sports und des Entertainments hinein kann man ähnliche Phänomene beobachten.

2 100 Jahre italienischer Film

Die Anfänge

Die ersten Filme, die zwischen 1912 und 1914 gedreht werden, haben religiöse, biblische und antik-römische Themen und stehen in engem Zusammenhang mit dem Versuch, gemeinsame nationale Werte aus der Geschichte der Halbinsel aufzurufen. Natürlich wirkt in diesem Moment eine stark nationalistische Propaganda auf das neue Medium ein. Die Geburtsstunde des italienischen Films bringt somit ideologisch geprägte, historische Monumentalfilme hervor. Das bildmächtige Medium wird sofort von den

Intellektuellen in seiner Bedeutung erkannt und vereinnahmt: Die großen Autoren der damaligen Zeit wie D'ANNUNZIO, VERGA, CAPUANA oder PIRANDELLO beziehen die Möglichkeiten des Films in ihre ästhetischen Reflexionen mit ein. 1916 erscheint das *Manifest der Futuristischen Kinematographie* (*Manifesto della Cinematografia Futurista*), auf das sich viele avantgardistische Filmemacher der 20er Jahre berufen und das bis in den Neorealismus fortwirkt. Auch der Staat erkennt schnell die Einflussmöglichkeiten, die der Film als neues Massenmedium bietet (z. B. zur massiven Verbreitung der einheitlichen Nationalsprache gegen die Dialekte). 1937 gründet MUSSOLINI nach dem Vorbild der großen amerikanischen Studios der Ostküste die größte Filmproduktionsstätte Italiens, *Cinecittà*. 1942 werden dort bereits 100 Filme gedreht, mehr als in jedem anderen europäischen Land. Während des Faschismus dominieren moralisierende Themen in einer künstlichen und realitätsfernen Welt, was diesen Filmen den Beinamen *Kino der weißen Telefone* einbrachte.

Ein großes Thema der 30er Jahre ist die Auseinandersetzung zwischen individueller und kollektiver Identität mit dem Mythos, mit der Erde, mit dem eigenen Ursprung. Sizilien wird hierbei oft zum Ort der Handlung und Bezugspunkt für das Nachdenken über die eigenen Wurzeln. Auch die antifaschistische Kultur verbindet sich gerne mit Sizilien. LUCHINO VISCONTI (1906–1976), eine der charismatischen Figuren des italienischen Films, inszeniert in *La terra trema* (1948, *Die Erde bebt*) den Süden als Hort der mediterranen Kultur Italiens, auf die man gerade in Zeiten politischer Krisen immer zurückgreifen kann. Seine Form der Bildgebung und die thematische Gestaltung sind für die Nachkriegsgeneration, die sich auf die Suche nach den „verlorenen Wurzeln" begibt, ein fester Bezugspunkt.

Neorealismus

Noch während des 2. Weltkriegs versammeln sich die führenden Regisseure um die Zeitschrift *Cinema*. Mit dem Erscheinen von VISCONTIS *Ossessione* (1942) beginnt eine neue Etappe in der Entwicklung des Films. Wie in Renaissancegemälden gestaltet er großflächige Szenen. Der Regisseur wird dabei nicht nur zum Sprachrohr einer filmischen Ästhetik, sondern zum Schöpfer einer regelrechten Weltanschauung. In diesen Jahren entsteht der Typus des neorealistischen Films, der wie in einer orientalischen Novelle eine Geschichte aus der Alltagswelt auf der Straße erzählt. Der italienische Film sucht einerseits nach einer nationalen kollektiven Identität, andererseits schafft er selbst erst die Darstellung der verschiedenen Gesichter der italienischen Gesellschaft. Die Aufgabe, die sich die Magier der Leinwand stellen, ist nicht nur die Spiegelung von aktuellen Modeerscheinungen. Sie wollen aktiv bei der Auslotung möglicher zukünftiger Entwicklungsperspektiven mitwirken. Hierbei spielt die Krise des Zusammenbruchs am Ende des Kriegs, der eine politische und wirtschaftliche, aber auch eine moralische Dimension hat, eine wesentliche Rolle als Triebfeder des Handelns. Während die politische Klasse Italiens ins Ausland schaut, um dort neue Orientierung und neue Horizonte zu finden, wird der italienische Film seinerseits zur Inspirationsquelle des internationalen Films. Regisseure wie Rossellini, De Sica, De Santis und Visconti sind die großen Persönlichkeiten des international renommierten italienischen Films und Rom wird gleichzeitig zum unbestrittenen Zentrum der nationalen Filmproduktion. Die Bedeutung des neorealistischen Films für die italienische Nachkriegsgesellschaft kann kaum überschätzt werden. In ihm drückt sich die Verarbeitung des Faschismus und der Kriegserfahrung ebenso aus wie die neue Realität im Nachkriegsitalien. Der Regisseur wird zur Stimme der kollektiven Geschichte. Diese politische und gesellschaftliche Bedeutung des Films führt dazu, dass die anderen Künste sich am Film orientieren. Botschaften können nicht mehr nur durch Sprache transportiert werden, sondern, dank der Bedeutung des Bildes, auch durch Blicke, Mimik, Schweigen, sogar durch Leere, durch Objekte und Landschaften. Im Film sucht und findet sich das kollektive Gedächtnis. Dabei bieten die Filmemacher dem Publikum die Möglichkeit, die Kollektivschuld (ein Begriff, der in Italien nie das Gewicht erhalten hat wie in Deutschland) durch das Miterleben von Einzelschicksalen mit Schmerz, Leid und Trennung stellvertretend zu verarbeiten. Filmhistorisch gesehen erweist sich der 2. Weltkrieg als Wasserscheide in der ästhetischen Entwicklung: Während des Kriegs überfliegt der Blick lediglich die (erschreckende) Wirklichkeit und flüchtet sich in Traumwelten. Der neorealistische Film bietet eine völlig andere Optik: Dem Blick wird allmählich die Macht zugewiesen, die Realität genau und scharf zu sehen, wobei der Regisseur als „Superauge" die Bilder auf tiefere Bedeutung hin abklopft. Durch diese Form von Kino kann sich die italienische Gesellschaft das kollektive Gedächtnis aneignen und über die Formen des Zusammenlebens zwischen Individuen und über das Verhältnis von Mensch und Dingen nachdenken.

50er Jahre

In der Fülle neorealistischer Filme der 50er Jahre werden viele unterschiedliche Stile ausprobiert. Dialekte treten neben das Standarditalienisch, wobei den Dialekten (vor allem Römisch und Neapoletanisch) hoher affektiver Wert, dem Italienischen die Rolle der Rationalität zukommt. Thematisch tritt neben die Aufarbeitung der jüngsten Vergangenheit der Kampf ums tägliche Überleben und die Sehnsucht nach Wohlstand. Mit dem voranschreitenden wirtschaftlichen Aufschwung wandelt sich auch das Alltagsleben des durchschnittlichen Bürgers – und damit die

Themen der Filme. Ferien sind nicht mehr nur ein Phänomen der Oberschicht, sondern werden zum Moment individueller Freiheit und Sehnsüchte für breite Teile der Bevölkerung. Ein weiteres Thema rückt in den Vordergrund: das problematische Verhältnis (vor allem junger Menschen) zum eigenen Körper, zur Erotik und zu den eigenen Gefühlen.
Neue Namen kommen in den 50er Jahren hinzu, die den italienischen Film prägen sollten und heute zur internationalen Spitzengruppe der großen Regisseure der Filmgeschichte gehören: FEDERICO FELLINI (s. Infobox S. 143) und MICHELANGELO ANTONIONI. Mit ihrem kritischen Blick auf die Wirklichkeit verliert diese ihre Einheit, die Vielschichtigkeit möglicher Perspektiven und Weltanschauungen wird sichtbar, auch die Möglichkeit ganz unterschiedlicher moralischer Beurteilungen einzelner Ereignisse wird deutlich. Der Blick der vom Regisseur bewusst eingesetzten Kamera dient nun dazu, die scheinbare Sicherheit der einen Wirklichkeit und des einen oberflächlichen Bildes zu zerstören. Der philosophische Hintergrund für diesen kritischen Ansatz ist im (französischen) Existentialismus zu suchen.
Die Unsicherheit beim Betrachten der nur scheinbar einheitlichen Wirklichkeit gilt auch für das Innere der Personen. In den 50er und 60er Jahren dient der filmische Blick dazu, die psychologische Innendimension der Figuren zu problematisieren. Fellini zeigt in seinen Werken regelrechte Initiationsreisen auf der Suche nach dem eigenen Ich.

60er Jahre

Eine große Vielfalt an Themen und Gattungen begleitet die Erfolgsgeschichte des Films in der bürgerlichen, zunehmend wohlhabenden Gesellschaft. Melodramatische Stoffe sind sehr beliebt, die ewigen Themen von Liebe und Tod, Gewalt, Blut und Angst stehen im Vordergrund. Das hierin zum Ausdruck kommende Weltbild ist immer noch christlich (katholisch), erscheint aber zunehmend als spannungsgeladen. Idealvorstellungen eines kleinbürgerlichen, häuslichen Glücks bestimmen viele Auflösungen der dramatischen Filme.
Das humoristische Register, das wie bereits gezeigt einer der Grunddispositionen der italienischen Gesellschaft entspricht, wird in den 60er Jahren zu großem Erfolg entwickelt, der maßgablich mit einigen berühmten Schauspielern und deren Ausdruckskraft zusammenhängt. Als herausragendes Beispiel sei TOTÒ (ANTONIO DE CURTIS) genannt, der bereits 1949 mit *Totò cerca casa* von STENO und MONICELLI bekannt wurde. Auch in den komischen Filmen geht es um Figuren, deren Identität in einer dynamischen Welt zum Problem wird, woraus dann tragikomische Abenteuergeschichten entstehen. Die Wirkungsabsicht dieser amüsanten und vom Publikum begeistert aufgenommenen (von der Filmkritik

hingegen wenig geschätzten) Filme bleibt moralisierend. Der Erfolg ist durch große Regisseure ebenso garantiert wie durch die Schauspieler (Alberto Sordi, Vittorio Gassman, Nino Manfredi und Ugo Tognazzi). Gerade in diesem tragikomischen Genre kann sich eine Gesellschaft wiederfinden, deren Verhältnis zum Leben und zur Wirklichkeit oft durch Skepsis und Unsicherheit bestimmt ist. Eine dritte Gattung, die nicht nur in Italien berühmt wird, ist der Western, der sich durch den Einfluss italienischer Regisseure vom amerikanischen Standardmodell wegentwickelt. Wegweisend das Werk von Sergio Leone, der mit *Für eine Handvoll Dollar* (*Per un pugno di dollari*, 1964) eine neuen Westernstil begründet. Der Tod wird hier ohne Melodramatik erzählt. Die gegenüber der italienischen Wirklichkeit und Kultur völlig fremde Ambientierung erlaubt es, Formen der Rebellion und Gewalt zu zeigen, die überhaupt nur noch auf der Bühne, in der Fiktion denkbar sind. Damit bewegt sich der italienische Film in eine Richtung, die oft als charakteristisch bezeichnet wird und die auf eine Stärkung der Emotionalität und eine Schwächung der Rationalität hinausläuft. Natürlich wird auch der italienische Film von vielfältigen ausländischen Tendenzen beeinflusst. Die *Nouvelle vague* aus Frankreich, das *New American Cinema*, das *Free Cinema* aus England, das *Cinema Nôvo* aus Brasilien fließen in die Werke der bedeutendsten Regisseure mit ein.

Pasolini

Ein neuer Star betritt die Bühne des italienischen Films: Mit Pier Paolo Pasolini (1922–1975) entsteht ein eigener Typus von Intellektuellem, der einen eigenständigen Stil entwickelt und dabei sowohl Traditionen aufgreift als auch experimentell arbeitet. In seinem filmischen Werk wird der Bezug zwischen Malerei und Film gestärkt, immer wieder greift er auf große Maler wie Piero della Francesca, Masaccio oder Masolino zurück. Sein Blick richtet sich vor allem auf Gesichter und Körper, er hebt sie von der Erzählung ab und lässt sie selbst zum Subjekt der Erzählung werden. Im Mittelpunkt seiner Werke steht das zerrissene Individuum, das nicht nur an seiner Umwelt, sondern auch an seiner eigenen Körperlichkeit leidet. Der Begriff der Körperlichkeit stellt den Schlüssel zu Pasolini und seinem gesamten multi- und intermedialen Schaffen dar (Kuon 2001). Ästhetisch benutzt er häufig Zitate aus Literatur und Malerei oder legt seine parabelhaften Erzählungen in die Struktur eines antiken Mythos. Vor allem die Texte, die auf die grundsätzliche Beschaffenheit des menschlichen Lebens abheben, finden sein Interesse: Dantes *Göttliche Komödie*, die Evangelien, die antike Tragödie sowie die mittelalterlichen Novellen. Die Geschichten, die Pasolini erzählt, sind selten linear, sondern meist durch interne Wiederholungen oder Momente des Stillstands gebrochen.

Mit Pasolini wird zudem ein Thema sehr breit und bis in die letzte Konsequenz ausgearbeitet, das vor allem nach 1968 alle Kunstarten und massiv auch das Kino erreicht: die menschliche Sexualität.

70er Jahre

Fast scheint es, als würde der Film durch das Thema der zunehmend tabulos dargestellten und erforschten Sexualität vor der politischen Realität der 70er Jahre flüchten wollen. Schicksalhaft werden die politischen und auch sozialen Spannungen hingenommen, so als könne man ohnehin keinen entscheidenden Einfluss darauf nehmen. In den 60er Jahren hat das engagierte Kino noch die Bewegung der Arbeiter verbal zu unterstützen versucht – nun scheint es, als wäre eine Revolution nur durch schockierende Bilder zu fördern. In dem Maße, wie die politische Spannung steigt und mit der Entführung und Ermordung Aldo Moros (1978) zu einem Höhepunkt kommt, ziehen sich viele Kunstschaffende aus dem unmittelbaren politischen Engagement zurück. Die Revolution, sofern sie angestrebt wird, findet durch Grenzüberschreitungen bei der Darstellung der Sexualität statt, bei der Verabschiedung alter Ideologien oder bei der sprachlichen Gestaltung. Gerade Pasolini nimmt immer mehr Elemente der groben Sprache der Gosse in sein Werk auf. Die ästhetisch gewollten Schocks für das Auge werden so durch einen linguistischen Schock unterstützt. Von Pasolini und anderen Regisseuren (wie z. B. Mario Monicelli mit *Amici miei*, 1975) geht eine schrittweise Demontage der traditionellen gemeinsamen Werte aus: Familie, Liebe, Religion und Tod sind keine Tabus mehr.

Nuovo Cinema

Die Bewegung des *Nuovo Cinema Italiano*, die Ende der 70er Jahre an Gewicht gewinnt, will der Tendenz der steten Angleichung des Films an die Ästhetik des Fernsehens entgegenwirken. Die Regisseure verzichten auf großartige Entwürfe möglicher alternativer Welten und wenden sich dem entpolitisierten alltäglichen Leben zu. Sie verabschieden sich weitgehend vom Engagement in sozialen Fragen. Im Mittelpunkt steht nun die Suche des Individuums nach seiner eigenen Identität, die Erzählung konzentriert sich auf das Innenleben der Protagonisten (Nanni Moretti mit *Palombella rossa*, 1989) und wird fast zum Ort der individuellen Psychotherapie. Viele Regisseure bevorzugen daher geschlossene Räume: eine Wohnung, ein Gefängnis, eine Insel, ein Schwimmbad. Erzählungen werden nicht durch äußerliche Handlungen, sondern durch mentale Prozesse zusammengehalten. Einflussreiche ausländische Regisseure dieser Jahre sind François Truffaut, Wim Wenders, Rainer Werner Fassbinder und Jean-Luc Godard.
In den 80er Jahren erobern zunehmend weibliche Regisseure die Leinwand, die sich in den Trend zur Psychologisierung einfügen. Ihre Figuren, die oft in existentiellen Krisen dargestellt werden,

finden nur selten eine Sprache, um sich in der für sie feindlichen und problematischen Welt durchzusetzen. Kleine Gesten und die Kraft des Blicks bleiben ihnen als bedeutungsvoller Ausdruck.

90er Jahre

Die Polemik zwischen dem Medium Kino und dem Fernsehen nimmt weiter zu. Man spricht sogar vom Mord am Kinofilm durch die allmächtigen Fernsehsender. Immer mehr TV-Stars drängen auf die Filmleinwand und verändern die Funktion des Schaupielers, der seine Rollen immer weniger interpretiert und zunehmend zum Unterhaltungselement wird. Die Zuschauer werden durch den dauernden TV-Konsum mit den eher schwachen, nur unterhaltenden und wenig anspruchsvollen Produkten daran gewöhnt, sich nicht wirklich konzentrieren zu müssen. Komplizierte, dichte Stoffe haben so kaum noch Aussicht auf Erfolg beim Publikum. Es spricht für die italienischen Regisseure, in einer so schwierigen Situation neue Wege erfolgreich zu beschreiten. Einige Filme sind zu internationalem Ruhm gelangt: BERTOLUCCI erhält für *Der letzte Kaiser* (*L'ultimo imperatore*, 1988) einen Oskar, 1989 ist es GIUSEPPE TORNATORE mit *Nuovo Cinema Paradiso*, 1992 wird *Mediterraneo* von SALVATORES ausgezeichnet und gleichfalls 1992 erhält *Ultrà* von RICKY TOGNAZZI in Berlin einen Preis. Weitere Oskarnominierungen (AMELIO, MAZZACURATI, MORETTI) zeugen von der Vielfalt der italienischen Filmproduktion.
Einen Sonderplatz nimmt ROBERTO BENIGNI ein. Sein 1997 erschienener Film *La vita è bella* (*Das Leben ist schön*) erhält mehrere Auszeichnungen. Der Schauspieler-Regisseur BENIGNI wird in Italien (und im Ausland) immer populärer. Die Figur, die er in Variationen immer wieder spielt, inspiriert sich an CHARLIE CHAPLIN, BUSTOR KEATON und den MARX BROTHERS. Ursprünglich vom Kabarett herkommend, beginnt BENIGNI erst verhältnismäßig spät seine Filmkarriere, kann aber auf eine ganze Reihe von Erfolgen zurückschauen. Sein humoristischer Ansatz ist anfangs sehr politisch und sozialkritisch. Nachdem er mit FELLINI gearbeitet hat, wendet er sich eher poetischen Themen und Inszenierungen zu. In *La vita è bella* gelingt es ihm, das Thema Liebe, das in Zeiten der gesellschaftlichen Vereinsamung und der sexuellen Freizügigkeit leicht kitschig wirken kann, mit großer Einfachheit überzeugend zu gestalten. Liebe wird hier wieder eine zauberhafte Kraft, lebt von Überraschung und Hingabe und kann so zu einer unschlagbaren Waffe, zur eigentlichen Rettung der Welt werden. Das Gefühl der Liebe, das die Figur auch in den verzweifeltsten Situationen mit ihrem lauten und breiten Lachen immer wieder zum Ausdruck bringen kann, ist in diesem Film das Fundament menschlichen Lebens, ist Komplizität, Kommunion, Opferbereitschaft. BENIGNI vermischt in dem ebenso traurigen wie lustigen und rührenden Film keineswegs die Genres. Vielmehr führt er den Zuschauer

anhand eines Einzelschicksals von der Komödie über den Schwank bis zur Tragödie. Vielleicht ist er deshalb so erfolgreich, weil es ihm gelingt, mit diesem Vorgehen eine Grundüberzeugung der italienischen Kultur zu illustrieren: Das Leben ist eine Tragödie, die es sich jedoch mit Humor zu leben lohnt.

4 Medien und Mediengebrauch

1 Fernsehen

Die Anfänge

Die Auswirkungen, die das Fernsehen auf die Industriegesellschaften hat, sind in Italien besonders vielfältig und tiefgreifend. In einem Staat, in dem sich nur langsam eine einheitliche nationale Sprache durchsetzt, kommt den Massenmedien eine zentrale Rolle zu. Sprachwissenschaftler behaupten zu Recht, eine Standardsprache *Italienisch* sei erst durch das und mit dem Fernsehen Realität geworden. Gleichzeitig wirkt das Medium auch als Bildungsanstalt, indem das gemeinsame Wissen um die nationale Geschichte und um die Neuerungen in Politik und Gesellschaft gestärkt wird. In einem über lange Zeit so wenig einheitlichen Land wie Italien schafft das Fernsehen (wie der Film) somit aktiv ein gemeinsames kulturelles Gedächtnis, das vorher nur unzureichend durch Schule und Literatur an die Bürger des Landes herangetragen wurde.

RAI

Die ersten Programme, die von der staatlichen Rundfunkanstalt RAI (*Radiotelevisione italiana*) ab 1946 ausgestrahlt werden, legen daher auch erheblichen Wert auf Information und kulturelle Bildung – neben der Unterhaltung. Die RAI steht unter direktem Einfluss der Politik, wobei sich die drei Sender den beiden großen Parteien DC und PCI und der sozialistischen Partei (PSI) zuordnen lassen. Das staatliche Fernsehen begleitet die Entwicklung der italienischen Nachkriegsgesellschaft nicht nur, sondern prägt sie aktiv. Die RAI trägt zu einer fortschreitenden Homogenisierung des geeinten, demokratischen Italien bei. Werte, Einstellungen und Verhaltensweisen von Fernsehschauspielern und Moderatoren werden normbildend und wirken vor allem auf die jüngere Generation. Seit den 80er Jahren des 20. Jhs. treten neben die eher national ausgerichteten Sendeformate zunehmend Einflüsse aus dem angelsächsischen Raum.

Privat – Öffentlich

Am Ende der 70er Jahre erfolgt nach heftigen politischen Debatten ein weit reichender Einschnitt in die Fernsehlandschaft: Private Anbieter werden auf dem Markt zugelassen. Seither besteht das sogenannte „gemischte System“, innerhalb dessen Berlusconi mit seinem Imperium *Fininvest* im privaten Sektor fast eine Monopolstellung erreicht (*Canale5, retequattro* und *Italia1*). Dies hat nicht nur wirtschaftliche, sondern vor allem politische Folgen – nachdem Berlusconi 2001 zum zweiten Mal zum Ministerpräsidenten des Landes gewählt worden ist, sorgt man sich verständlicherweise um die Unabhängigkeit der Medien, da er nun nicht nur die privaten Kanäle für eigene politische Zwecke nutzen, sondern in seiner Funktion auch massiven Einfluss auf die RAI ausüben kann. Das Verhältnis zwischen politischer Klasse und Fernsehen hat sich seither genauso verändert wie der Fernsehgeschmack des Publikums. Der Kampf um die Einschaltquoten und Werbebudgets erhöht die Macht des Publikums, das nun nicht mehr die Bildungsbemühungen des staatlichen Fernsehens annehmen „muss", sondern frei im Angebot wählen kann.

TV und Politik

Das Verhältnis zwischen Staatsfernsehen und Politikern ist vor der Öffnung des Fernsehmarktes durch formalen Respekt gekennzeichnet. Der journalistische Blick richtet sich prinzipiell wohlwollend auf die Arbeit der Politiker, wobei die inhaltlichen Probleme nicht immer ausreichend in den Blick genommen werden. Nach dem Parteispendenskandal *tangentopoli* und parallel zum Zusammenbruch der alten Parteienstruktur (ab den späten 80er Jahren) ändert sich dies erheblich. Vor allem die Sender der RAI wählen eine kritische Perspektive gegenüber der Macht und greifen wertend (verteidigend oder anklagend) in aktuelles Tagesgeschehen ein. Dadurch wird das Fernsehen zunehmend eine Vermittlungsinstanz zwischen dem Staatsbürger und der von ihm tendenziell als fern und unnahbar empfundenen politischen Macht. Die Journalisten werden zu politischen Akteuren, der Zuschauer verhält sich somit wie in einer „Fernsehdemokratie" (LIVOLSI), in der politische Entscheidungen durch allmächtige Moderatoren gefällt werden, die mehr Einfluss auf die Bürger haben als die Politiker selbst. Dieses Phänomen hängt mit der starken Personalisierung von Politik und Medien zusammen. Ein eklatantes Beispiel für die Vermischung von Showmaster, Politik und politischem Amt ereignete sich Ende April 2002: MARCO PANNELLA, der berühmte Begründer und Kopf des *Partito Radicale*, war in den Durststreik getreten, weil die Regierung BERLUSCONI zwei vakante Sitze im obersten Verfassungsgericht nicht wiederbesetzen wollte und damit das Verfassungsorgan nicht handlungsfähig war. In der überaus populären Sendung *Buona Domenica* des seit vielen Jahren erfolgreichen Moderators COSTANZO tritt PANELLA auf, das Problem wird ausführlich erläutert. Und nun geschieht das Unglaubliche: Der Staatspräsident CARLO AZEGLIO CIAMPI ruft persönlich in der Show an, verspricht die Lösung des politischen Problems und bittet PANNELLA, wieder zu trinken. Was monatelange Interventionen im politischen System nicht vermocht haben, wird im Fernsehen möglich. Das Problem wird einer Lösung zugeführt – und PANNELLA trinkt wieder.

Personalisierung

Das Medium Fernsehen schafft öffentliche Persönlichkeiten, die wegen ihrer dauernden Bildschirmpräsenz erheblichen Einfluss in der Politik und Gesellschaft haben. Diese allgemeine Tendenz wird in Italien noch dadurch verstärkt, dass der Starkult, die Fixierung auf herausragende Persönlichkeiten (im Sport ebenso wie im Theater oder der Kunst), stark verwurzelt ist. Daher hat sich hier mehr als in anderen Kulturen das sogenannte *Infotainment* herausgebildet, wo die eigentlich neutrale Sachinformation in einer Aufmachung präsentiert wird, die eher der Unterhaltung zugeordnet werden kann. Die Schlüsselrolle hierbei spielt der Moderator – ihm obliegt es, die Meinung des Zuschauers zu dem Informationsmaterial zu lenken. Die Bedeutung der Fernsehstars geht so weit, dass viele Italiener gewisse Nachrichtensendungen nicht anschauen, weil sie sich informieren wollen, sondern weil ihnen daran gelegen ist, die Meinung des Moderators zu erfahren, fast als ginge es um ein persönliches Gespräch. Dies ist natürlich ein Phänomen, das mit dem Medium Fernsehen selbst zu tun hat und daher auch in anderen Kulturen anzutreffen ist, aber ein Vergleich mit der deutschen Situation macht überdeutlich, dass in Italien der Persönlichkeit auf dem Bildschirm viel mehr Bedeutung zugemessen wird. Überspitzt kann man sagen, dass auch Informationssendungen wie *soap operas* funktionieren – man schaltet aufgrund des seriellen, kitschigen Charakters ein und nicht, um sich eine eigene Meinung zu bilden.

Spektakularität

Ein gewisser Hang zur spektakulären Inszenierung, den wir als charakteristisch für die Alltagskultur bezeichnet haben, kommt auch in der Programmgestaltung zum Ausdruck. Auch hier handelt es sich um ein internationales, vielleicht globales Phänomen – und doch zeigt die vergleichende Analyse von erfolgreichen Sendungen einige auffällige Eigenheiten der italienischen Situation. Die erfolgreichsten Sendungen (z. B. *domenica in*) sind für die ganze Familie konzipiert, dauern stundenlang und werden vor allem durch einige unterhaltsame Persönlichkeiten zusammengehalten. Schneller Rhythmuswechsel, wenig zusammenhängende Szenen und viele Elemente dessen, was man nur Kitsch nennen kann (bunte Farben, Tanzeinlagen, rührende Szenen usw.) kommen einem Publikum entgegen, das nicht nur zum sprunghaften Programmwechsel neigt (*zapping*), sondern auch relativ unkonzentriert ist. Der Mangel an inhaltlicher Kohärenz solcher Sendungen wird durch dekorative Accessoires wie spärlich bekleidete Schönheiten oder clowneske Einlagen aufgefangen. Das beiläufig geschaute Programm wird scheinbar Teil des gelebten Augenblicks, „man ist dabei“ und die berühmten Moderatoren scheinen im eigenen Wohnzimmer angekommen zu sein.

TV im Alltag

Die Gebrauch des Fernsehens im Alltag der italienischen Familien hat viele Aspekte, die kulturspezifisch sind. So ist es für deutsche Besucher schwer verständlich, dass man in vielen Familien (und nicht nur in ungebildeten Schichten) dazu neigt, das Fernsehen auch in Anwesenheit eines Gastes laufen zu lassen. Dies ist dort keineswegs ein Zeichen von geringer Achtung des Gastes, sondern ganz im Gegenteil ein Zeichen dafür, dass man ihn als Teil der Familie akzeptiert. Nichts ist so unverständlich für eine italienische Familie, wie den Fernseher bewusst und mit pädagogischem Hintergedanken woanders als im Wohnzimmer aufzustellen.
Die kommunikationsfördernde Rolle der Massenmedien ist ein weiterer Aspekt, der überrascht. In zahllosen Sendungen werden, vor allem im Abendprogramm, Spiel- und Diskussionsshows gezeigt, in denen die mehr oder minder amüsanten Sprachspiele der Moderatoren im Mittelpunkt stehen. Die dort geprägten Bonmots sind sofort, meist am nächsten Tag, in aller Munde und bereichern (manchmal nicht für lange Zeit, bisweilen auf Dauer) den Wortschatz des gesprochenen Italienisch.

2 Printmedien

Strukturen

Die verspätete Industrialisierung Italiens und die langsame Ausbildung einer bürgerlichen Schicht im 19. Jh. haben Auswirkungen auf die Entwicklung der Tageszeitungen (und anderer Printmedien). Bis in die späten 50er Jahre des 20. Jhs. hinein kann man nicht von einer flächendeckenden Zeitungslandschaft sprechen. Dies hängt einerseits mit der hohen Analphabetenrate zusammen, andererseits mit der Art der Tageszeitungen selbst. Denn diese sind vergleichsweise kompliziert formuliert, richten sie sich doch an eine politische und intellektuelle Elite. Ebenfalls strukturbildend ist die Tatsache, dass die Tagespresse (in geringerem Maße die politischen Wochenmagazine) sehr eng mit den verschiedenen politischen Parteien oder der Kirche verknüpft ist. Dies gilt zumindest bis in die späten 80er Jahre, wo jede auch noch so kleine Partei ihr eigenes Blatt finanziert hat. Diese enge Bindung an eine politische Elite und die Parteien führt zu einem erheblichen Mangel in der Versorgung der weniger gebildeten und politisierten Schichten mit qualifizierten Informationen. Vereinfacht kann man sagen, dass in Italien die Elite Zeitung liest, während die erst spät alphabetisierten weniger gebildeten Schichten sich auf das Fernsehen konzentrieren.

Wie die Fernsehlandschaft Italiens, so hat auch die Welt der Printmedien eine gewisse Form von Journalismus bevorzugt. Die enge Einbindung (oder sogar Gängelung) der Journalisten durch die staatlichen und parteilichen Instanzen ist sehr ausgeprägt – eine Tradition des investigativen Journalismus, wie er von der BBC in England tradiert wird, sucht man in Italien vergebens. Man spricht sogar von einem Hang zur Geschwätzigkeit. Diese Tendenz wird durch den zunehmenden ökonomischen Erfolgsdruck noch verstärkt. Presse wird dabei nur zweitrangig als wirtschaftliche Investition, sondern vielmehr als Mittel zur politischen Einflussnahme gesehen. Die Parteien machen sich Zeitungen zunutze, um ihre Strategien zu verfolgen, Intrigen zu lancieren oder unliebsame Konkurrenten zu diffamieren. Erst mit den späten 80er Jahren treten wirtschaftliche Interessen im Zeitungsmarkt in den Vordergrund – aber selbst heute ist eine klare Trennung von Journalisten und politischen Funktionären nicht zu erkennen. Journalismus steht im Dienst der Politik und ist nicht die Kontrollinstanz, die er eigentlich sein könnte. Ausnahmen bestätigen lediglich die Regel.

Journalismus

Nur selten werden in Italien Tageszeitungen abonniert. Dies hat mehrere Ursachen. Einerseits ist es wesentlich billiger, die Zeitung in der Bar zu lesen, und zudem würde man sich angesichts der geringen Planbarkeit des Lebens auf wenig sinnvolle Weise binden. Andererseits ist es, wenn man denn zu den regelmäßigen Zeitungslesern gehört, wesentlich kommunikativer, sich jeden Morgen die Zeitung am Kiosk zu kaufen. Denn in Italien ist das Lesen einer Tageszeitung zu einem erstaunlich hohen Prozentsatz keine Frage der bequemen Informationsbeschaffung, sondern vielmehr eine Frage der Selbstinszenierung. „Zeige mir, welche Zeitung Du am Kiosk kaufst und ich sage Dir, was du wählst", war bis in die 80er Jahre hinein eine soziale Wirklichkeit. Das hat sich erst mit der zunehmenden Bedeutung des Fernsehens für die Politik etwas geändert, und auch der Zerfall der Parteienlandschaft hat diese festen Strukturen ins Schwanken gebracht.
Der durchschnittliche Zeitungsleser ist männlich, ca. 45 Jahre alt und lebt in einem urbanen Zentrum. Vorzugsweise trägt man die Tageszeitung gut sichtbar unter dem Arm – die Theatralität des Alltags lässt grüßen.

Zeitungskonsum

Bechelloni 1995, Bondanella 1999, Branzi 1996, 1999, Brunetta 1998, Livolsi 1998, Neumann 1999, Kunst- und Ausstellungshalle 2000, Kuon 2001.

Literatur

Ettore Sottsass jr. (*1917)
wird in Innsbruck geboren. Nach seinem Architekturstudium am renommierten *politecnico* in Turin eröffnet er 1947 ein Studio, das auf Architektur und Design spezialisiert ist – ein typisches Beispiel für die enge Verbindung von Architektur und Design in der italienischen Tradition. Für Olivetti, wo er seit 1958 arbeitet, entwirft er die geradezu mythische Schreibmaschine *Valentine*. Seine Werke stehen heute in den großen Museen der ganzen Welt. 1981 gehört er zu den Begründern der Bewegung des *Nuovo Design*, die maßgeblich von der Gruppe Memphis geprägt ist. Bis heute ist er in dem 1982 gegründeten Studio Sottsass Associati aktiv. 1993 wird ihm die Ehrendoktorwürde der Rhode Island School of Design verliehen, ein Jahr später erhält er den Preis des Industrie Forum Design Hannover. Durch ungebrochene Innovationskraft ist Sottsass einer der bedeutendsten Vertreter des italienischen (und internationalen) Designs der Nachkriegszeit.

FEDERICO FELLINI (1920–1993)
ist einer der bekanntesten italienischen Regisseure, in dessen Werk sich autobiographische Elemente mit der Inszenierung kollektiver Lebensgefühle der italienischen Gesellschaft verbinden. Nach anfänglichen Tätigkeiten als Reporter und Cartoonist beginnt FELLINI seine Karriere 1945 bei ROBERTO ROSSELLINI. Sein erster eigenständiger Erfolg ist *I vitelloni* (*Die Müßiggänger*, 1953), ein Porträt des *immobilismo* der italienischen Nachkriegsgesellschaft. International berühmt wird er mit *La strada* (*Das Lied der Straße*, 1954), ein poetischer Film mit dem Leitthema der Trennung, der aus Sicht der politischen Linken den Neorealismus verraten habe. Mit MARCELLO MASTROIANNI in der Hauptrolle wird *La dolce vita* (*Das süße Leben*, 1960) schnell zum Kultfilm. Das schonungslose Bild, das FELLINI hier mit leisem Humor von der römischen High-Society malt, wurde zum Skandal. Nach einigen weniger erfolgreichen Filmen gewinnt er mit *Amarcord* (1973) erneut einen Oskar. Es handelt sich um die Erzählung des alltäglichen Lebens unter dem Faschismus in einer Kleinstadt. Im Spätwerk FELLINIS treten Traumwelten in den Vordergrund, die früher sehr enge Einbindung in die gesellschaftliche Realität wird lockerer. Eindrucksvolles Beispiel ist hierfür *E la nave va* (1983). Sein letzter großer Erfolg ist *Ginger e Fred* (*Ginger und Fred*, 1986), in dem seine Frau GIULIETTA MASINA und sein schauspielerisches *alter ego* MASTROIANNI zum ersten Mal gemeinsam auftreten. 1992 erhielt er einen Oskar für sein Lebenswerk.
Die Filme FELLINIS sind vielleicht deshalb in Italien (und anderswo) so erfolgreich gewesen, weil er sich der politischen Zuordnung entzieht. Anders als viele seiner Kollegen (VISCONTI z. B.) war FELLINI nie in der kommunistischen Partei aktiv, und ebensowenig kann man ihn dem religiösen Lager zurechnen. Seine Filme, deren Poetik man mit imaginativem Realismus bezeichnet hat, sind eine heitere, duldende Analyse menschlicher Schwäche und Dramatik, wobei die Perspektive die einer ergreifenden Humanität ist.

Renzo Piano (*1937)

ist einer der berühmtesten, heute noch aktiven Architekten Italiens. Nach dem Studium am *Politecnico* in Mailand (Abschluss 1964) entwickelte Piano schnell eine sehr breite Palette von Projekten. Daneben war und ist er immer wieder in Vortrags- und Lehrtätigkeit engagiert. Seine architektonischen Interessen reichen vom Industriedesign über Wohnungsbau bis zur Restaurierung und Rehabilitierung historischer Bauten. Unter seinen zahlreichen Projekten im In- und Ausland seien nur einige genannt. 1969–70 realisiert er den Pavillon der italienischen Industrie in Osaka. In Paris entsteht zwischen 1971 und 1977 das berühmte *Centre Pompidou,* mit dem er international berühmt wird. Originell ist die Konzeption der Kronenbourg-Fabrik in Straßburg (1978). Neben weiteren Museumsgebäuden ist vor allem der Flughafen von Osaka (ab 1989) und die Arbeit am Hafen von Genua – Pianos Heimatstadt – ab 1981 zu nennen. In neuester Zeit ist er in Deutschland durch die Konzeption des Sony-Gebäudes am Potsdamer Platz in Berlin einem breiten Publikum bekannt geworden. Im Frühjahr 2002 wird in Rom die *Città della musica* eröffnet, ein spektakuläres Ensemble von Konzertsälen, das Renzo Piano konzipiert hat.

In seinem vielseitigen Werk versucht er eine Verbindung von hochtechnisierter Spezialisierung und natürlicher Umgebung des einzelnen Projekts. Gesellschaftliche Erfordernisse werden mitgedacht, lokale und historische Elemente sollen in die baulichen Lösungen einfließen können.

Zeittafel

1796–1814	Napoleonische Feldzüge: Schaffung von Tochterrepubliken bzw. Satellitenstaaten Frankreichs
1814/15	Wiener Kongress: politische und territoriale Neuordnung Italiens – *Regno Lombardo-Veneto* (Lombardei und Veneto unter der Herrschaft der Habsburger) – *Granducato di Toscana, Ducato di Modena, Ducato di Parma* (unter der Herrschaft der Habsburger) – *Regno di Sardegna* (Piemont und Sardinien plus Genua/Ligurien unter der Herrschaft der Savoyer) – *Regno delle Due Sicilie* (Süditalien und Sizilien unter der Herrschaft der spanischen Bourbonen) – Kirchenstaat (Latium, Marken und Romagna unter päpstlicher Herrschaft) – *Ducato di Lucca*
1820/21	Erfolglose patriotische Aufstände im *Regno delle Due Sicilie* und im *Regno di Sardegna*
1831	Erfolglose patriotische Aufstände in Modena, Parma und im Kirchenstaat Gründung der patriotischen Geheimgesellschaft *Giovine Italia* durch den Freiheitskämpfer Giuseppe Mazzini
3. Okt. 1839	Einweihung der ersten Eisenbahnstrecke (Neapel-Portici) Später folgen Mailand-Monza (1840), Padua-Venedig (1842), Pisa-Livorno (1844), Turin-Moncalieri (1848) und Rom-Frascati (1857)
1848 März 1848	Patriotischer Aufstand in Palermo, der sich auf sämtliche Staaten auf der Halbinsel ausbreitet Venedig und Mailand befreien sich von der Herrschaft der Habsburger Beginn des 1. Unabhängigkeitskrieges gegen die Habsburger unter der Führung des *Regno di Sardegna*, der 1849 mit der Niederlage der Savoyer endet: Venedig und Mailand fallen zurück an die Habsburger
Feb.–Juli 1849	Kirchenstaat ist für wenige Monate *Repubblica Romana*
1849–1859	Politische Repressionen in den meisten italienischen Staaten
April 1859	Nach Zusicherung militärischer Unterstützung durch Napoleon III. Beginn des 2. Unabhängigkeitskrieges gegen die Habsburger unter der Führung des *Regno di Sardegna* Das *Regno di Sardegna* erhält nach Siegen gegen die Österreicher bei Magenta und Solferino die Lombardei
1860 April 1860 Mai–Nov. 1860 26. Okt. 1860	Nach Aufständen und Volksbefragungen in der Toskana und in der Emilia-Romagna Anschluss an das *Regno di Sardegna* Das *Regno di Sardegna* tritt Savoyen und Nizza an Frankreich ab *Spedizione dei Mille*: Garibaldi und 1000 Freiwillige machen sich auf den Weg nach Sizilien, um patriotische Aufstände zu unterstützen Eroberung des *Regno delle Due Sicilie* und Befreiung der Abruzzen und Marken von den päpstlichen Truppen. Garibaldi errichtet im Namen des Königs von Sardinien-Piemont Vittorio Emanuele II. eine Diktatur Treffen in Teano zwischen Garibaldi und Vittorio Emanuele II.: Übergabe der von Garibaldi eroberten Gebiete an Vittorio Emanuele II. Nach Volksbefragungen werden die Gebiete an das *Regno di Sardegna* angeschlossen

17. März 1861	Das Turiner Parlament ruft das *Regno d'Italia* aus
1861–1865	Briganten-Aufstände
1866 Oktober 1866	Das *Regno d'Italia* verbündet sich mit Preußen gegen Österreich Beginn des 3. Unabhängigkeitskriegs gegen Österreich Frieden von Wien: Österreich verzichtet auf das Veneto, das nach einer Volksbefragung an das *Regno d'Italia* angeschlossen wird Beginn der *Irredenta*-Bewegung (bis 1918): nationalistische Bewegung, die die (Wieder-)Eingliederung der italienischsprachigen Gebiete außerhalb des italienischen Staatsgebiets zum Ziel hat
1867–1870 20. Sept. 1870	Kampf des *Regno d'Italia* um Rom Besetzung Roms durch *Regno d'Italia*
1. Juli 1871	Rom wird Hauptstadt des *Regno d'Italia*
1877	Einführung der Schulpflicht
1882–1896 26. Jan. 1887 1890 1. März 1896	Erste Phase der kolonialistischen Eroberungen Italiens in Ostafrika: Erwerb der Häfen Assab (1882) und Massaua (1884/85) in Eritrea Niederlage von Dogali gegen Äthiopien Eritrea wird von Italien annektiert (nach Übereinkunft mit England u. a.) Niederlage von Adua: Vernichtung der italienischen Truppen durch Äthiopien
1884	Internationale Elektrizitätsmesse in Turin
1885	Erste Biennale
August 1892	Gründung der italienischen Arbeiterpartei, ab 1893 *Partito Socialista Italiano*
1903–1914	Beginn der Hochindustrialisierung Norditaliens
1905	Somalia wird italienisches Protektorat
1908	Verheerendes Erd- und Seebeben in Kalabrien und Sizilien (über 100.000 Tote)
1911	Weltausstellung in Turin
1911/12	Italienisch-türkischer Krieg: Italien erhält im Anschluss an die Friedensverhandlungen Libyen, den Dodekanes und Rhodos
1914	Ausbruch des 1.Weltkrieges, zunächst Neutralität Italiens
1915	Einritt Italiens in den Krieg als Gegner Österreich-Ungarns
November 1918	Waffenstillstand mit Österreich-Ungarn (600.000 italienische Gefallene)
10. Sept. 1919 12. Sept. 1919– 12. Nov. 1920	Südtirol, Trentino, Julisch-Venetien, Triest und Gebiete in Istrien und Dalmatien fallen nach dem Friedensvertrag an Italien *Impresa di Fiume*: Unter der Führung D'Annunzios (gegen den Willen der italienischen Regierung) versuchen rebellierende italienische Truppen und Freiwilligenverbände vergeblich, die slawische, aber mehrheitlich von Italienern bewohnte Stadt Fiume (heute Rijeka) für Italien zu erobern
Januar 1921 November 1921	Gründung des *Partito Comunista Italiano* (PCI) Gründung des *Partito Nazionale Fascista* (PNF)

28. Okt. 1922 31. Okt. 1922	Faschistischer Marsch auf Rom (*Marcia su Roma*) Mussolini wird von König Vittorio Emanuele III. zum Regierungschef ernannt
8. Feb. 1923 Juli 1923	Einführung des Radio per königlichem Dekret Verkündung eines Programms zur Italianisierung Südtirols: Italianisierung des öffentlichen Lebens (Italienisch als Amtssprache, italienische Ortsnamen, Aufschriften, Schreibnamen, usw.; italienische Beamte und Bürgermeister), Auflösung der deutschen Schulen und Vereine, staatliche Förderung italienischer Einwanderer, Zensur, wirtschaftliche Durchdringung des Landes
April 1924 10. Juni 1924 6. Okt. 1924	Faschistische Mehrheit im Parlament Verschleppung und Ermordung des Sozialisten Giacomo Matteotti nach einer Rede gegen den Faschismus und Mussolini Die Matteotti-Affäre löst eine schwere Krise des Faschismus aus: Proteste im In- und Ausland, Auszug der antifaschistischen Opposition aus dem Parlament (*secessione dell'Aventino*), Regierungsumbildung Erste Radioausstrahlung (Rom)
1925	Giovanni Gentile entwirft das *Manifesto degli intellettuali fascisti*; Benedetto Croce antwortet mit einem antifaschistischen *contromanifesto*
1925/26	Übergang zur offenen faschistischen Diktatur: Unterdrückung der antifaschistischen Opposition, Ausbau der Vollmachten Mussolinis, Ausnahmegesetz
November 1926	Albanien wird italienisches Protektorat
Juni 1928	Verurteilung Gramscis und anderer kommunistischer Führer
Februar 1929	Lateranvertrag mit der Katholischen Kirche: Der Vatikan wird als Staat anerkannt, der Katholizismus wird Staatsreligion
August 1932	Erste Filmfestspiele von Venedig
Oktober 1935 –Mai 1936	Von Hitler-Deutschland unterstützter Überfall Italiens auf Abessinien (Äthiopien); Annexion
Oktober 1936	Deutsch-italienischer Geheimvertrag (Oktober-Protokolle): Kampf gegen Bolschewismus, Unterstützung der nationalistisch-faschistischen Kräfte im Spanischen Bürgerkrieg, Österreich-Frage, Balkan-Frage, Anerkennung der Annexion Abessiniens
25.–29. Sept. 1937 Dezember 1937	Deutschlandreise Mussolinis (u.a. München, Berlin) Italien verlässt den Völkerbund
1938 3.–9. Mai 1938	Antisemitische Gesetze Gründung von *Cinecittà* Italienreise Hitlers
April 1939	Überfall und Besetzung Albaniens
22. Mai 1939	*Patto d'acciaio* (Stahlpakt) zwischen Deutschland und Italien: Verpflichtung zu uneingeschränktem gegenseitigem Beistand in politischer und militärischer Hinsicht (10 Jahre Laufzeit)

1. Sept. 1939	Beginn des 2.Weltkrieges: Italien ist zunächst keine kriegführende Partei
10. Juni 1940 24. Juni 1940 Sept.–Dez. 1940 27. Sept. 1940	Eintritt Italiens in den Krieg (gegen Frankreich und Großbritannien) Waffenstillstand mit Frankreich Angriff auf Ägypten *Patto Tripartito* (Dreimächtepakt: Deutschland, Italien, Japan): gegenseitige Anerkennung des Führungsanspruches in Europa bzw. im großostasiatischen Raum, Verpflichtung zu gegenseitiger Unterstützung im Falle eines Eingriffs zusätzlicher Mächte (USA) ins Kriegsgeschehen (10 Jahre Laufzeit)
April 1941 11. Dez. 1941	Besetzung Jugoslawiens Kriegserklärung an die USA
9./19. Juli 1943 24/25. Juli 1943 3. Sept. 1943 8. Sept. 1943 9. Sept. 1943 12. Sept. 1943 23. Sept. 1943 13. Okt. 1943	Alliierte landen in Sizilien Entmachtung und Verhaftung Mussolinis; Badoglio wird Ministerpräsident; Zusammenbruch des faschistischen Regimes Alliierte dringen aufs Festland vor; geheimer Waffenstillstand Deutsche Truppen besetzen Italien nach Veröffentlichung des Waffenstillstandsvertrages Gründung des *Comitato di Liberazione Nazionale* (CLN) in Rom; Flucht des Ministerpräsidenten Badoglio und des Königs Vittorio Emanuele III. aus Rom Befreiung Mussolinis durch deutschen Sturmtrupp Mussolini an der Spitze der von Deutschland abhängigen *Repubblica Sociale Italiana* (*Repubblica di Salò*) in Norditalien Kriegserklärung der Regierung Badoglio an das Deutsche Reich
März 1944 Ab Juli 1944 Sept./Okt. 1944	*Fosse Ardeatine*: Deutsche Soldaten erschießen 335 Italiener bei Rom Kämpfe italienischer Partisanen gegen die *Repubblica di Salò* und die deutschen Truppen Deutsche Soldaten ermorden bei Marzabotto (Bologna) über 1800 Zivilisten, vor allem Frauen und Kinder.
27./28. April 1945 2. Mai 1945	Mussolini wird von Partisanen gefangengenommen und exekutiert Kapitulation der deutschen Truppen
9. Mai 1946 2. Juni 1946 18. Juni 1946 22. Juni 1946	Vittorio Emanuele III. tritt zugunsten des Sohnes Umberto II. ab Wahlen zur Verfassungsgebenden Versammlung (Verhältniswahlrecht; erstmals Wahlrecht für Frauen); Referendum zugunsten der Republik Ausrufung der *Repubblica Italiana* Beendigung der *epurazione* (Säuberungsaktion gegen Faschisten und Kollaborateure) und Amnestie-Erlass
10. Juni 1947	Unterzeichnung des Pariser Friedensvertrages: Verlust aller Kolonien und Eroberungen; Triest wird Freistaat (bis 1954); Istrien geht an Jugoslawien
1. Jan. 1948	Verfassung der *Repubblica Italiana* tritt in Kraft
18. April 1948	Parlamentswahlen: Sieg der Christdemokraten Beginn der Politik der Westintegration und der wirtschaftlichen Expansion

14. Juli 1948	Attentat auf den Führer der kommunistischen Partei Togliatti
1949	Italien wird Gründungsmitglied der NATO
1953–62	Italienisches Wirtschaftswunder
3. Jan. 1953	Beginn regelmäßiger Ausstrahlung von Sendungen der RAI
5. Okt. 1954	Triest-Frage: Italien erhält „Zone A"
14. Dez. 1955	Aufnahme Italiens in die UNO
25. März 1957	Römische Verträge (EWG, Euratom)
Mai 1961–69	Antiitalienische Unruhen in Südtirol
4. Nov. 1961	Sendebetrieb des zweiten Fernsehkanals (RAI 2) wird aufgenommen
1967–69	Studentenunruhen
September 1969 Dezember 1969	*autunno caldo*: Streikwellen, Fabrikbesetzungen und landesweite Massendemonstrationen im Zuge von Tarifverhandlungen (38 Mio. Arbeitstage Ausfall) neofaschistischer Anschlag in Mailand (Piazza Fontana); Beginn einer neofaschistischen Attentatswelle
Ab 1970 7./8. Juni 1970	Kabelfernsehstationen durchbrechen Rundfunkmonopol der RAI Erste Regionalwahlen
1. Dez. 1972	Ehescheidungsgesetz tritt in Kraft
10.8.1974	Geburtsstunde des privaten Rundfunks: *Corte Costituzionale* hebt Rundfunkmonopol auf lokaler Ebene in bezug auf Kabelübertragungen auf
1976	Erdbeben in Friaul *Corte Costituzionale* dehnt Rechte des privaten Rundfunks auf drahtlose Hörfunk- und Fernsehübertragungen auf lokaler Ebene aus
Januar 1977	Verabschiedung des Gesetzes zur Straffreiheit bei Abtreibungen in den ersten 12 Schwangerschaftswochen
1978	Networks durchbrechen staatliches Rundfunkmonopol auf nationaler Ebene
1979	RAI 3 wird in Betrieb genommen
März–Mai 1978 27. Juni 1978	Entführung und Ermordung von Aldo Moro durch die *brigate rosse* Flugzeugabsturz über Ustica
2. Aug. 1980 Mai 1980	Bombenattentat auf den Hauptbahnhof in Bologna (85 Tote) P2-Skandal
Juni 1982 3. Sept. 1982	Skandal um den Zusammenbruch des Banco Ambrosiano Mafia ermordet den Carabinierei-General Carlo Alberto Dalla Chiesa
Februar 1984	Neues Konkordat: Katholizismus nicht mehr Staatsreligion
4. Feb. 1985	*Decreto Berlusconi*: Craxi erwirkt per Dekret provisorischen legalen Status der privaten überregionalen Networks, die einige Monate zuvor stillgelegt worden waren (*Canale 5, Italia Uno, Rete 4, Euro-TV*)
Februar 1986	Erster Maxiprozess gegen Mitglieder der Mafia
9. Dez. 1987	Verzicht auf den Bau weiterer Kernkraftwerke

1990 Mai 1990 August 1990	*Legge Mammí*: Ende des staatlichen Rundfunkmonopols wird besiegelt; Einführung einer Mischform aus öffentlichen und privaten Anbietern Lega Nord erhält bei Regionalwahlen in der Lombardei 15 der 80 Sitze *Gladio*-Affäre: Enthüllung der Existenz einer paramilitärischen, von der NATO abhängigen, antikommunistischen Geheimorganisation, die Ende der 50er Jahre gegründet wurde und die möglicherweise in Verbindung steht mit Attentaten zwischen den 60er und 80er Jahren
1991	Beginn der Massenfluchtwellen von Albanern Italienische UNO-Truppen im Golfkrieg
1992 23. Mai und 19. Juli 1992	Beginn der *mani pulite* unter der Führung der Staatsanwälte Di Pietro und Borrelli: Krise der traditionellen Parteien nach Aufdeckung von Korruptions- und Schmiergeldaffären von Regierungsmitgliedern und Parteiführern; Krise der *Prima Repubblica* Die Untersuchungsrichter Giovanni Falcone und Paolo Borsellino werden von der Mafia ermordet
1992/93	Italienische UNO-Truppen in Somalia
15. Jan.1993 Juli 1993 August 1993 November 1993	Festnahme des Mafia-Bosses Totò Riina *Enimont*-Skandal Wahlrechtsreform: 75% Sitze der Abgeordnetenkammer und des Senats werden nach dem relativen Mehrheitswahlsystem vergeben, 25 % nach dem Verhältniswahlsystem; Einführung der 4%-Sperre Silvio Berlusconi gründet *Forza Italia*
27./28. März 1994 Dezember 1994	Bei Parlamentswahlen Mehrheit für den Rechtsblock *polo della libertà* unter der Führung des Medienunternehmers Silvio Berlusconi („Telekratie"); Bildung der ersten Regierung der *Seconda Repubblica*; Rücktritt des Regierungschefs Berlusconi
26. Sept. 1995	Prozessbeginn gegen Giulio Andreotti wegen Komplizenschaft mit der Mafia
17. Jan. 1996 5. Nov. 1996 14./15. Nov. 1996 21. Nov. 1996	Prozessbeginn gegen Paolo und Silvio Berlusconi wegen Bestechung Italien verzichtet in einem Vertrag mit Kroatien auf Ansprüche auf frühere Besitzungen an der kroatischen Adria-Küste Aufmärsche entlang des Pos anlässlich der Verkündung der Unabhängigkeit der *Padania* durch Umberto Bossi Prozessbeginn gegen Berlusconi und Craxi wegen illegaler Parteienfinanzierung
Mai 2001	Sieg der *casa delle libertà:* Berlusconi erneut nach Parlamentswahlen mit der Regierungsbildung beauftragt
Juli 2001	*G 8* in Genua; Massendemonstrationen; heftige Diskussionen um Polizeieinsatz
Januar 2002	Einführung des Euro
Juli–Dezember 2003	Italien hat den Vorsitz im Europäischen Rat; im Dezember scheitert der von Berlusconi geleitete Gipfel zur Verabschiedung einer europäischen Verfassung
Dezember 2003	Beim Lebensmittelkonzern Parmalat werden Milliardendefizite entdeckt; italienische Politiker und Banken geraten unter Verdacht

Bibliographie

ABRAHAM, Joseph H.: *Origins and Growth of Sociology*. Harmondsworth 1973.

ALCARO, Mario: *Sull'identità meridionale. Forme di una cultura mediterranea*. Turin 1999.

ALMOND, Gabriel A.; VERBA, Sydney: *The Civic Culture. Political Attitudes and Democracy in Five Nations*. Princeton 1963.

BAASNER, Frank: „‚L'uomo che dominò due generazioni'. Die öffentlichen Reaktionen auf den Tod Benedetto Croces 1952 und ihre Hintergründe". In: *Italienisch* 22 (1989), S. 62–72.

BAASNER, Frank: *Die Mylius-Vigoni. Deutsche und Italiener im 19. und 20. Jh.* Tübingen: Niemeyer 1992.

BAASNER, Frank: *Poesia cantata. Die Textmusik der Cantautori*. Tübingen: Niemeyer 1997.

BAASNER, Frank: *Poesia cantata. Die italienischen Cantautori zwischen Engagement und Kommerz*. Tübingen: Niemeyer 2002.

BACHOFEN, Johann Jakob: *Mutterrecht und Urreligion*. Stuttgart 1954.

BARZINI, Luigi: *Gli italiani: virtù e vizi di un popolo*. Mailand 1997.

BECHELLONI, Giovanni: *Televisione come cultura. I media italiani tra identità e mercato*. Neapel 1995.

BELLAMY, Richard; SCHECTER, Darrow (Hrsg.): *Gramsci and the Italian State*. Manchester 1993.

BERNING, Ewald: *Hochschulwesen im Vergleich, Italien – Bundesrepublik Deutschland. Geschichte, Strukturen, aktuelle Entwicklungen*. München 1988.

BIAGI, Enzo: *Germanie*. Mailand 1976.

BOBBIO, Noberto: *Destra e Sinistra, ragioni e significati di una distinzione politica*. Rom 1994.

BODEI, Remo: *Il noi diviso. Ethos e idee dell'Italia repubblicana*. Turin 1998.

BÖHME, Hartmut; MATUSSEK, Peter; MÜLLER, Lothar: *Orientierung Kulturwissenschaft. Was sie kann, was sie will*. Rowohlt: Hamburg 2000.

BOLAFFI, Angelo: *Die schrecklichen Deutschen*. Berlin 1995.

BOLLATI,Giulio: *L'italiano. Il carattere nazionale come storia e come invenzione*. Turin 1996.

BONDANELLA, Peter: *Italian Cinema from Neorealism to the Present*. Northom 1999.

BONIFAZI, Corrado: *L'immigrazione straniera in Italia*. Bologna 1998.

BRANZI, Andrea: *Introduzione al Design italiano, una modernità incompleta*. Mailand 1999.

BRANZI, Andrea (Hrsg.): *Il Design italiano 1964–1990*. Mailand 1996.

BRINKMANN, Günter: *Erziehungsraum Schule: Italien*. Köln/Weimar/Wien: Böhlau 1995.

BRÜTTING, Richard (Hrsg.): *Italien-Lexikon*. Berlin: Erich Schmidt Verlag 1997.

BRUNETTA, Gian Piero: *Cent'anni di cinema italiano*. Rom/Bari 1998.

BUZZI, Carlo; CAVALLI, Alessandro; DE LILLO, Antonio: *Giovani verso il Duemila, quarto rapporto Lard sulla condizione giovanile in Italia*. Bologna 1997.

CALCAGNO, Giorgio (Hrsg.): *L'identità degli italiani*. Rom/Bari 1993.

COMI, Anna; PONTZEN, Alexandra (Hrsg.): *Italien in Deutschland, Deutschland in Italien. Die deutsch-italienischen Wechselbeziehungen in der Belletristik des 20. Jahrhunderts*. Berlin: Erich Schmidt Verlag 1999.

DI FORTI, Filippo: *Per una psicoanalisi della mafia: radici, fantasmi, territorio e politica*. Verona: Bertani 1982.

DI LORENZO, Silvia: *La grande madre mafia. Psicoanalisi del potere mafioso*. Parma 1996.

FALCONE, Giovanni: *Cose di Cosa Nostra*. Mailand 1993.

FERRARIS, Luigi Vittorio: *Wenn schon, denn schon – aber ohne Hysterie. An meine deutschen Freunde*. München 1988.

FRITZSCHE, Peter: *Die politische Kultur Italiens*. Frankfurt/M. 1986.

GALLI DELLA LOGGIA, Ernesto: *L'identità italiana*. Bologna: Il Mulino 1998.

GALLI, Giorgio: *Staatsgeschäfte. Affären, Skandale, Verschwörungen: das unterirdische Italien 1943–1990*. Hambirg: Europäische Verlagsanstalt 1994.

GAMBINO, Antonio: *Inventario italiano. Costumi e mentalità di un paese materno*. Turin 1998.

GEYMONAT, Ludovico: *Storia del pensiero filosofico e scientifico*. Turin 1970ff.

GIARDINA, Roberto: *Anleitung, die Deutschen zu lieben*. Berlin: Argon 1996.

GRIMM, Reinhold R. u. a. (Hrsg.): *Italianità. Ein literarisches, sprachliches und kulturelles Identitätsmuster.* Tübingen: Narr 2002.

GROSSE, Ulrich; TRAUTMANN, Günther: *Italien verstehen.* Darmstadt: Primus Verlag 1997.

HANSEN, Klaus P.: *Kultur und Kulturwissenschaft. Eine Einführung.* (2. Erw. Auflage) Tübingen/Basel: UTB 2000.

HAUSMANN, Frank-Rutger: „Skepsis, Zweifel oder Stolz? Italien, Deutschland und die italianità." In: *Italienisch* 43 (2000), S. 2–18.

KOCH, Peter; OESTERREICHER, Wulf (Hrsg.): *Gesprochene Sprache in der Romania.* Tübingen 1990.

KUNST- UND AUSSTELLUNGSHALLE DER BUNDESREPUBLIK (Hrsg.): *50 Jahre italienisches und deutsches Design.* Bonn 2000.

KUON, Peter (Hrsg.): *Corpi/Körper. Körperlichkeit und Medialität im Werk Pier Paolo Pasolinis.* Frankfurt/M.: Peter Lang 2001.

KUON, Peter: „‚Ritti sulla cima del mondo ...' – italianità im Umkreis des Futurismus". In: GRIMM u. a. (Hrsg.): *Italianità. Ein literarisches, sprachliches und kulturelles Identitätsmuster.* Tübingen 2002.

LANGE, Wolfgang; SCHNITZLER, Norbert (Hrsg.): *Deutsche Italomanie: in Kunst, Wissenschaft und Politik.* München: Fink 2000.

LEPRE, Aurelio: *Storia della Prima Repubblica.* Bologna 1995.

LIPPMANN, Walter: *Die öffentliche Meinung.* Bochum 1990.

LIVOLSI, Marino: *La realtà televisiva. Come la TV ha cambiato gli Italiani.* Rom/Bari 1998.

MAURO, Walter: *Invito alla lettura di Gramsci.* Mailand 1981.

MANSELLI, Raoul: *L'Europa e il mondo.* Palermo: Palumbo 1988.

MÜNSTER, Sebastian: *Cosmographia. Beschreibung aller Lender durch Sebastianum Munsterum.* Basel: Petri 1544.

NEUMANN, Claudia; FERRARI, Fulvio; ANTONELLI, Paola: *Design Lexikon Italien.* Köln 1999.

NÜNNING, Ansgar (Hrsg.): *Lexikon der Literatur- und Kulturwissenschaft.* Stuttgart 2000.

PITOCCO, Francesco (Hrsg.): *Storia della mentalità.* Bulzoni 1996.

POLACEK, Dietmar: *Geliebtes Chaos Italien.* München 1998.

ROMANO, Ruggero: *Paese Italia. Venti secoli di identità.* Rom 1994.

RUSCONI, Gian Enrico: *Se cessiamo di essere una nazione.* Bologna 1993.

SABINE, George Holland: *Storia delle dottrine politiche.* Mailand 1998.

SCHARPEN, Antje von: *Im Spiegel des anderen. Italien und die Italiener in der deutschen und Deutschland und die Deutschen in der italienischen Literatur seit 1945.* Berlin 1999.

SCHIAVONE, Aldo: *Italiani senza Italia. Storie e identità.* Turin 1998.

SCIOLLA, Loredana: *Italiani. Stereotipi di casa nostra.* Bologna 1997.

SESTAN, Ernesto (Hrsg.): *Dizionario storico-politico.* Florenz: Sansoni 1971.

SPADOLINI, Giovanni; AGNELLI, Arduino: *Nazione e nazionalità in Italia.* Bari/Rom 1994.

TOMMASI, Alberto; UGOLINI, Gherardo (Hrsg.): *La cultura italiana. Percorsi bibliografici.* Osnabrück: Rasch 2002.

VEYNE, Paul: *La vita privata nell'Impero romano.* Rom/Bari 1992.

VIGLIONE, Massimo: *Rivolte dimenticate, Città nuova.* Rom 1999.

Zeitschrift für Kulturaustausch (hrsg. vom Institut für Auslandsbeziehungen): *Italien-Deutschland. Die Kraft der Klischees.* Stuttgart 2 (2000).